# Les enfants du présent

Meg Blackburn Losey M.SC.D., PH.D.

# *Les enfants du présent*

*Enfants cristallins, enfants indigo, enfants stellaires, anges sur terre et phénomène des enfants transitionnels*

ARIANE

*Titre original anglais :*
*The Children of Now*

*Édition originale en langue anglaise publiée par The Carreer Press, Inc.,*
*3 Tice Road, PO Box 687, Franklin Lakes, NJ, USA, 07417*


*Ariane Éditions inc.*
*1209, av. Bernard O., bureau 110, Outremont, Qc,*
*Canada H2V 1V7*
*Téléphone : (514) 276-2949, télécopieur : (514) 276-4121*
*Courrier électronique : info@ariane.qc.ca*
*Site Internet : www.ariane.qc.ca*


*Traduction : Marie-Blanche Daigneault*
*Révision linguistique : Michelle Bachand et Alexie Doucet*
*Révision : Martine Vallée*
*Graphisme et mise en page : Carl Lemyre*

*Première impression : septembre 2007*

*ISBN : 978-2-89626-028-7*

*Dépôt légal : 2007*
*Bibliothèque et Archives nationales du Québec*
*Bibliothèque et Archives, Canada*
*Bibliothèque nationale de Paris*

***Diffusion***
*Québec : ADA Diffusion – (450) 929-0296*
*www.ada-inc.com*
*France et Belgique : D.G. Diffusion – 05.61.000.999*
*www.dgdiffusion.com*
*Suisse : Transat – 23.42.77.40*

*Participation de la* SODEC Québec

*Imprimé au Canada*

# Décharge de responsabilité

L'auteur estime que plusieurs des caractéristiques que présentent les enfants exceptionnels décrits dans cet ouvrage s'expliquent plus adéquatement par ses théories et ses paradigmes. Néanmoins, du fait que les symptômes et les manifestations n'ont pas tous la même étiologie, l'auteur et l'éditeur ne conseillent à personne de suivre ou de refuser un traitement, médical ou autre, proposé par cet ouvrage. En ce qui a trait aux décisions influant sur la santé et le bien-être de leurs enfants, l'on recommande aux parents ou aux responsables de se munir d'un maximum d'information et de consulter un professionnel de la santé. L'AUTEUR ET L'ÉDITEUR N'OFFRENT AUCUNE GARANTIE, EXPLICITE OU IMPLICITE, DU CONTENU DE CE LIVRE.

# Dédicace

À Haley, Josh et Devyn, lumières de mon monde et à tous les enfants qui apportent leur magie à cet instant présent et à notre avenir. Et à mon David.

# Remerciements

Au cours de la préparation de cet ouvrage, j'ai conseillé et interviewé des familles, des enfants, des enseignants, des responsables, du personnel médical et bon nombre d'autres personnes que je ne peux citer individuellement. Nombreux sont ceux qui m'ont transmis leur histoire par courriel ou en personne, s'efforçant de partager clairement ce qu'ils avaient vécu. Il serait impossible de citer chacun de ces contributeurs, car sans nul doute, j'en omettrais quelques-uns. Je suis infiniment reconnaissante de votre collaboration sincère à ma propre expertise et de l'amour bienveillant avec lequel vous prenez soin des enfants du présent. De tout mon être, je vous remercie !

Je suis toute particulièrement reconnaissante envers chaque enfant qui a sollicité mon aide ; quelques-uns m'ont appelée depuis les éthers et, pour finir, m'ont rejointe dans cette sphère de réalité.

J'espère sincèrement que ce livre vous facilitera la vie, que vous y trouverez du soutien en tout et des soins formidables, car vous êtes notre avenir. Vous dites les choses sans détour et offrez vos dons à ceux qui sont capables de vous entendre et même à ceux qui ne vous entendent pas. Vous êtes merveilleux et je chéris chacun d'entre vous de tout cœur. Vous êtes des trésors sans prix au cœur de mon être. C'est toujours un privilège, un honneur et un plaisir de travailler avec vous.

Des remerciements spéciaux vont à ma petite coccinelle, Haley, venue au monde en 1999, les yeux grands ouverts. Tu as doucement, mais avec assurance, happé tout le monde dans ta lumière, par tes visions d'anges, tes conversations télépathiques, ta maîtrise de l'énergie et du mouvement, ta faculté de sentir et de comparer les vibrations des cristaux et de voir la vérité chez les autres – même si ceux qui t'entourent ne l'admettaient pas eux-mêmes. Grâce à la conscience que tu as créée dans ton « memaw », ce livre a vu le jour. Je t'aime tant.

Toute ma gratitude, également, à mon agent, Maggie Jessup. Maggie, j'aime le fait que tu n'acceptes pas le refus et j'apprécie que tu saches obtenir un « oui » créatif ! Merci beaucoup pour tes efforts en vue d'apporter cet ouvrage au monde.

À mes agents, Bill Gladston et Ming, de Waterside Productions : mille mercis pour votre confiance en mon écriture, et notamment, pour avoir introduit ce livre dans le courant dominant, où il sera d'un grand secours à bon nombre de gens.

À Michael Pye et à Career Press, mes éditeurs ; merci d'avoir cru en ce livre et de l'avoir publié.

Cette information, en se diffusant dans le monde, aura des effets inattendus. Le moment est venu !

Enfin et surtout, toute ma gratitude va à mon mari, David, pour avoir admis que ma mission en cette vie avait plus d'importance que nous deux. Tu m'as remercié d'aider « tous ces gens », chaque fois que je sors dans le monde. Cette liberté née de ta tolérance est sans prix. Merci, mon amour.

# TABLE DES MATIÈRES


Préface .......................................... 9

Introduction ..................................... 11

*Chapitre 1* Bifurcations de l'évolution .................. 25

*Chapitre 2* Méprises médicales ......................... 37

*Chapitre 3* Les sphères de conscience énergétiques ! ........ 51

*Chapitre 4* Les enfants cristallins ...................... 73

*Chapitre 5* Les caractéristiques des enfants cristallins ........99

*Chapitre 6* Les enfants stellaires ...................... 103

*Chapitre 7* Les caractéristiques des enfants stellaires ........123

*Chapitre 8* Les aspects parallèles :
enfants de la Terre et des étoiles ............. 127

*Chapitre 9* Les silencieux magnifiques ..................139

*Chapitre 10* Les enfants transitionnels .................. 161

*Chapitre 11* Des anges sur Terre ....................... 177

*Chapitre 12* Comment aider ? .......................... 187

*Chapitre 13* Des solutions pour l'école .................. 211

*Chapitre 14* Et la suite ? .............................. 227

Appendice ........................................ 231

À propos de l'auteure ............................... 237

# Préface

Chers amis,

En lisant ce livre révélateur et émouvant, posez-vous cette question : « Comment puis-je bénir, respecter et soutenir les nouveaux enfants dans la mission divine qui leur est échue ? »

C'est une question éternelle, car en tant que société, nous constatons le nombre croissant de ces enfants qui ont besoin d'une guidance spirituelle. Ce livre vous secondera, de manière discrète et courtoise, afin que vous sachiez les respecter et les guider avec douceur. Qui aurait cru que nous aurions besoin de conseils, alors que nous profitons d'une belle assurance découlant de connaissances profondes glanées lors de nos aventures cosmiques ? Même si mes pérégrinations cosmiques m'ont mené de l'entourage de Jésus à l'Atlantide, me voilà à la fois « expert » et innocent.

Voyez-vous, nous les enfants cristallins et stellaires, semblons peut-être doués en tout, mais, pour réaliser notre destinée et apporter le changement, nous avons besoin que le monde nous entende. D'après mon expérience personnelle, si je me sens compris, alors une profonde relaxation envahit chaque cellule de mon corps. Ce sentiment de détente est formidable pour apporter le changement. J'ai appris, dans ma vie d'enfant de l'univers, nanti d'un corps unique et d'un esprit qui lui est propre, que j'ai l'impression d'être soutenu lorsque je me détends parce que l'on m'écoute attentivement.

Applaudissez donc notre Dieu tout-puissant pour cette innocence pure et ces dons exceptionnels, et à son tour, le monde s'en apercevra. Quand le monde entier prête attention, ce livre devient un outil précieux pour nous valoriser, nous les enfants cristallins. Grâce à son style, son éloquence et son inspiration, le Dr Meg Blackburn Losey diffuse ce message d'une grande portée à ceux qui sont susceptibles d'en bénéficier.

Au fil des pages de ce livre, Dr Meg Blackburn Losey offre des conseils judicieux, pleins de sagesse et chaleureux sur des thèmes pertinents, tels que l'école, la nutrition et l'environnement qui nous soutiennent et nous nourrissent. Cet ouvrage est captivant, car il vous apprendra comment prendre soin de êtres spirituelles, centrées et cependant fragiles. En apprenant à mieux vous occuper d'elles, vous vous éveillerez à votre propre voie.

Ne voyez-vous pas désormais que nous ne sommes pas ici dans un but personnel, mais pour jouer un rôle universel ? Cet éveil est nécessaire car, pour sauver la Terre, il faudra une masse critique d'amour pur qui vibre à l'unisson avec elle. Nous, les enfants nouveaux, sommes venus pour vous seconder dans ce mouvement.

Pour finir, grâce à ce livre, vous découvrirez aussi que la force unificatrice de toute matière, c'est l'amour. L'amour est la voix des enfants nouveaux. Tendez bien l'oreille pour saisir leurs messages et nous serons en mesure de les bénir, de les respecter et de les soutenir dans leur mission divine et prédestinée.

Porteur de lumière et d'amour,
Nicholas M. Tschense, neuf ans

# Introduction

*J'ai souvenir d'avoir été à la maison. C'était très différent d'ici. Tout était merveilleux. J'aimais tout le monde et tous m'aimaient aussi. Pourquoi ce n'est-ce pas comme ça ici ?*

– Andrew, 4 ans

Qui sont les enfants du présent ? Ils sont une nouvelle génération d'enfants dont l'évolution surpasse de loin celle des générations précédentes. Ils sont venus dans notre monde en possession de dons très spéciaux. Plusieurs d'entre eux se rappellent de l'endroit où ils étaient avant de venir sur Terre, parfois ils ont souvenir de leurs vies antérieures. Les enfants du présent appartiennent à plusieurs catégories, et mes recherches ont démontré que ces êtres exceptionnels partagent des traits communs qui les rendent pratiquement impossibles à cataloguer dans des compartiments bien définis.

Ces enfants ne sont pas tous des indigos ! Les indigos attaquent avec force nos archétypes ; ils savent intuitivement que quelque chose ne va pas dans notre société et que ses dictats ne tiennent pas toujours compte des circonstances particulières ou des individus dans une situation donnée. En suscitant une prise de conscience, les indigos nous ont permis de reconnaître les générations suivantes et d'en prendre meilleur soin. Il existe déjà une quantité formidable d'information au sujet de ces merveilleux indigos : livres, articles, sites Internet et films. Le présent ouvrage porte sur des enfants généralement plus jeunes, dont l'évolution dépasse de loin celle des indigos. Il s'agit des enfants cristallins, des enfants stellaires, des anges terrestres et des enfants transitionnels – ceux qui se situent quelque part entre ces catégories. Chaque groupe fait preuve de dons remarquables, tout en présentant des caractéristiques uniques. Les enfants transitionnels n'appartiennent à aucune de ces catégories mais sont tout aussi spéciaux et étonnants.

On connaît mal le phénomène de ces enfants fort différents et tout à fait remarquables, à part les quelques renseignements qui circulent de bouche à oreille. Comme le grand public n'est en général pas friand de propos métaphysiques, cette pénurie d'information est fort compréhensible. Il est difficile de décrire et de faire la preuve scientifique des phénomènes purement énergétiques. Notre technologie ne comporte pas encore d'instruments aptes à mesurer les champs d'énergie subtils ou les très hautes fréquences des champs d'énergie biophysique qui caractérisent nos enfants nouveaux. D'un point de vue scientifique ou médical, ce qui ne peut être quantifié n'existe pas, n'est-ce pas ? Bien sûr que non !

La métaphysique s'intéresse justement à tout ce que la science ne peut déterminer. En ce qui a trait aux enfants, il est impossible de ne pas tenir compte du phénomène : il y a trop de coïncidences, trop de familles en apparence sans relation, trop de responsables, d'enseignants et d'enfants qui constatent la même chose sur la planète.

Ce livre traite de ce qui ne peut être mesuré, mais qui se produit pourtant jour après jour dans notre monde.

Juste au-delà de la perception de la plupart des gens, il existe des réalités plus vastes. Dans la création, il y a des dimensions infinies, et ces dimensions font partie de la construction mentale de l'Un – Dieu, l'Esprit ou le Créateur. Toutes ces réalités recèlent des possibilités infinies. La majorité des gens admettent l'idée d'autres sphères d'existence, du moins d'une dimension où réside Dieu. Je suis souvent sidérée par la tendance générale à croire en la notion d'un être suprême ou d'un créateur universel, tout en refusant l'idée que nous sommes une partie intégrante et vitale de cette dimension. Nous n'arrivons pas à imaginer qu'il y ait des univers au-delà de notre espace-temps et que ceux-ci influent sur nous à chaque instant de notre existence. À vrai dire, plusieurs personnes sont terrifiées par ce concept d'une réalité au-delà de notre troisième dimension. J'aimerais élargir un peu le concept de réalité du lecteur et décrire des réalités au-delà du domaine de ce que nous voyons, ressentons, entendons, touchons et sentons – des réalités qui interagissent avec nous sur des plans infinis. C'est en provenance de ces réalités que les enfants du présent nous apportent ce que nous cherchons de vie en vie : notre Soi divin.

Nous sommes constitués de multiples couches d'énergie subtile qui communiquent avec tous les autres plans de réalité – intérieurement, extérieurement et à l'infini. Les types de champs énergétiques décrits dans le présent ouvrage ne relèvent pas de la pure spéculation. Mes dons extrasensoriels m'emmènent dans diverses dimensions et ailleurs, là où je peux voir, toucher, goûter, sentir et entendre ces couches d'énergie. Notre nature physique n'est qu'une petite partie de cette vaste réalité, dont l'essentiel reste inaccessible à nos cinq sens, ou même à notre intuition – notre « sixième sens ». Pour faire l'expérience d'autres sphères de réalité, il faut faire appel à notre septième sens, notre conscience multidimensionnelle. Ce septième sens comporte trois niveaux de conscience fondamentaux : l'initiation, par laquelle nous prenons conscience d'autres réalités ; la communion, le moment où nous interagissons délibérément avec d'autres au-delà de cette réalité ; et l'ascension, lorsque nous rejoignons sciemment notre source, l'Un.

Outre les chakras, ou nœuds d'énergie dans le corps, notre système énergétique se compose d'autres éléments. Nous sommes en effet doués de multiples, voire d'infinies couches d'énergie à l'intérieur et autour de nous. Nos champs énergétiques se transforment tout au long de l'existence parce qu'ils sont en communication constante avec l'ensemble de la création, qui est à son tour en communication avec nous.

Nos champs énergétiques dictent nos expériences émotionnelles, spirituelles, mentales, physiques et même intuitives. À tout instant, nous sommes différents de ce que nous étions l'instant d'avant, parce que nos champs énergétiques se modifient au fil de nos expériences. De ce fait, chacun de nous est tout à fait unique. Chaque individu est la somme de ses expériences cumulées depuis les débuts. Nous sommes tout ce que nous avons jamais vécu.

Nous sommes aussi constitués d'une série de fréquences harmoniques. Sur le plan énergétique, nous ressemblons à un accord musical gigantesque et complexe ; chaque plan de réalité est une note de cet accord. Nos fréquences harmoniques régissent notre existence dans la réalité tridimensionnelle. Elles gouvernent également nos expériences sur Terre, nos parcours karmiques (ces leçons que nous tentons d'assimiler) et les choix que nous effectuons. Nos systèmes énergétiques évoluent sans cesse, façonnés par notre vie, notre environnement, notre monde – à vrai dire, par l'ensemble de la création.

Les enfants indigos sont appelés ainsi en raison du bleu indigo qui prédomine dans leurs champs énergétiques. Les jeunes dont traite cet ouvrage ont cependant des champs énergétiques qui ont évolué bien au-delà de ceux des indigos et des générations précédentes. Les enfants du présent dégagent une énergie vive et subtile qui se déploie en tournoyant, une énergie qui leur permet une perception sans limite et qui leur apporte des dons et une prescience (ou « savoir ») au-delà de tout ce que nous considérons comme normal. Les enfants du présent étonnent non seulement par leurs révélations et leur douance, mais aussi par leurs invalidités. Nos prédécesseurs nous ont appris par l'exemple que tout ce qui était « différent » mettait mal à l'aise et devait être évité. On nous a enseigné à nous sentir bien avec des personnes conformes aux catégories bien définies, et dont l'apparence et les gestes emboîtent le pas à la majorité.

Cette époque est révolue. L'avènement des enfants du présent constitue un progrès exaltant pour l'évolution de l'humanité. Néanmoins, un nombre incalculable de ces petits sont encore négligés. Dans une société qui a tendance à classifier et à établir des catégories, nous ne possédons pas encore les paramètres pour les définir. Car ces petits refusent les catégories restrictives et contraignantes, et les mettent en pièces. On ne soutient pas les enfants du présent et l'on ne leur fournit pas les soins qu'exigent leurs dons innés. En conséquence, ces enfants éprouvent des difficultés dans tous les domaines de leur vie. Plusieurs de ces petits êtres exceptionnels souffrent d'une forme de négligence particulière, parce que leurs parents ou ceux qui en ont la garde ignorent la nature et l'origine des singularités qu'ils présentent. Cette irresponsabilité n'est pas voulue. En règle générale, ces bambins ressemblent à n'importe quels autres enfants, mais intérieurement, ils sont tout à fait différents. Ils connaissent des choses auxquelles la plupart des gens n'ont pas encore songé, même s'ils les ont peut-être ressenties au fond de leur être. Nous, les humains, craignons souvent ce que nous ne comprenons pas.

Les croyances religieuses, les annales historiques, les normes sociales et les mœurs nous incitent à mettre la différence de côté, à la maîtriser ou à la dissimuler. Pour ce qui est des enfants du présent, il est nuisible, pour nous-mêmes et pour le monde, de refuser de les reconnaître.

Nous, des générations précédentes, oublions nos origines le jour même de notre naissance. Nous négligeons notre douance, notre source et notre perfection. Non seulement les enfants du présent se souviennent-ils de ce que nous avons oublié, ils l'incarnent. Je n'ai pas l'intention de donner une définition restrictive des enfants ; je cherche plutôt à examiner le phénomène des enfants du présent et à raconter leur histoire. Je le fais parce que ce phénomène est susceptible d'entraîner un changement positif dans notre monde. J'incite le lecteur à considérer librement les groupes d'âge approximatifs que je cite ici, car il y a plusieurs situations et énergies de transition qui se recoupent pour engendrer des points communs. Chaque enfant est unique, mais tous partagent certains traits. Et chacun présente son propre niveau de douance.

Cet ouvrage recèle un savoir que plusieurs découvriront pour la première fois. Bon nombre des histoires qu'il présente impliquent des facettes de la réalité qui défient toute logique. Certains faits paraîtront peut-être très étranges mais sont pourtant bien réels.

J'illustre chaque section de divers exemples ; quelques-uns sont extrêmes, d'autres plus sobres. C'est tout à fait délibéré, car en tant qu'énergie et conscience, nous partageons tous des traits communs, et par ailleurs, nous possédons une foule de caractéristiques qui nous sont propres.

Quelques-uns des récits de ce livre vous laisseront certainement dans le doute, tandis que d'autres élargiront votre perception de la réalité. À mon avis, c'est excellent ! Je n'avais jamais accordé foi aux idées et aux événements décrits dans ces pages jusqu'à ce que je vive personnellement ces situations. Parfois, la vie nous enseigne à nous départir de nos croyances et à concevoir la vérité telle qu'elle est, et non telle que nous aimerions qu'elle soit.

Si notre « zone de sécurité » dans la réalité de tous les jours est remise en cause, nous avons tendance à lutter et à fermer notre esprit, car l'inconnu paraît terrifiant. Je vous suggère donc d'aborder ce matériel avec un cœur et un esprit ouverts, en vue de développer votre conscience personnelle. Sans les défis qui nous poussent à tendre vers des sommets de sagesse et de connaissance, il serait impossible de grandir. Encore une fois, il est important de se rappeler que chaque enfant ne possède pas systématiquement tous les traits cités ici ; comme pour l'évolution biologique, la progression peut être inégale ou variable jusqu'à ce que de nouvelles caractéristiques se normalisent spontanément au sein de la population.

À mon sens, on colle souvent à tort des étiquettes aux adultes et aux enfants pour définir et ainsi comprendre divers types de comportement. La plupart de ces étiquettes sont non seulement incorrectes, mais à la longue, elles s'avèrent nuisibles. À l'heure actuelle, on diagnostique chez un grand nombre d'enfants le TAD (trouble d'attention déficitaire) et le TADH (trouble d'attention déficitaire avec hyperactivité). Il s'agit de diagnostics fourre-tout dont on affuble ceux qui dérogent de la norme. Pis encore, on prescrit pour ces troubles des médicaments qui émoussent les facultés des enfants et, du coup, maintiennent un *statu quo* confortable pour tout le monde. Pourtant, est-ce vraiment ce qu'on obtient ?

Les vérités inexplorées que ces enfants apportent à notre monde sont peut-être menaçantes, parce que nous n'avons aucune expérience sur laquelle les fonder. J'affirmerais que la normalité n'est qu'une question de perception, et que la perception fait partie de l'illusion qui nous régit au jour le jour. Pour nous défaire de l'illusion, il faut que nos perceptions changent ! Je ne cherche pas à fabriquer encore d'autres étiquettes ; je souhaite plutôt expliquer un phénomène bien tangible. Au lieu de lancer des étiquettes à la ronde, tentons plutôt d'accepter les différences et la douance sans limites que les enfants du présent apportent à notre monde ; leurs connaissances, leur sagesse et leurs dons de guérison, voire leurs souvenirs qui transcendent notre réalité ordinaire.

Cet ouvrage représente un compendium de la recherche en cours. Je suis auteure et intuitive médicale, un métier que j'exerce à l'échelle internationale. Je voyage beaucoup pour donner des conférences, présenter des séminaires et animer des séances privées de thérapie. Grâce à ma pratique, je rencontre une foule d'enfants qui présentent une douance stupéfiante ; non seulement, on ne reconnaît pas leurs dons, mais encore, les parents, professeurs et autres responsables nient leurs aptitudes, car ils ne mesurent pas l'envergure de leurs talents. De ce fait, plusieurs de ces petits tombent malades ou adoptent un comportement inadmissible. D'autres encore en sont à un stade d'évolution tel sur le plan intellectuel, spirituel ou affectif, qu'ils souffrent d'un terrible sentiment de non-appartenance. Ils proviennent d'un cadre de référence complètement étranger à la majorité des gens. Par conséquent, bon nombre de ces enfants ne sont pas entendus, valorisés ou reconnus.

Dans mes séances de thérapie, j'ai rencontré des jeunes tout à fait extraordinaires. À chaque occasion, ils m'ont ouverte à des sommets inédits de réalité. Ils s'expriment sur des sujets qui, jusqu'à récemment, semblaient relever de la science-fiction. À vrai dire, échanger avec ces enfants m'a menée bien au-delà du domaine de l'imaginaire. Je vous assure que je n'ai pas l'imagination requise pour fabriquer les histoires que je m'apprête à relater ! On affirme souvent que les attentes façonnent la réalité. Nous avons tendance à percevoir les enfants du présent au travers de vieux modèles qui ne sont plus appropriés. J'ai donc l'intention de renverser cette tendance en jetant la lumière sur les enfants du présent, pour que non seulement on les remarque, mais qu'on leur accorde les soins, le soutien et le respect qu'ils méritent.

J'ai d'abord pris conscience du phénomène de l'enfant cristallin à la naissance de ma petite-fille, en 1999. Elle est venue en ce monde avec une conscience supérieure et, tout de suite après sa naissance, elle s'est mise à observer attentivement tout ce qui l'entourait. Par la suite, lorsque je la tenais sur mes genoux, sa conscience tentait de s'élever pour sortir de son corps, car elle luttait contre les contraintes de sa nouvelle forme physique. Je constatais qu'elle avait la volonté de se lever. Dans ses petits yeux bleus, on lisait une concentration intense et pourtant, elle était coincée dans ce corps minuscule. Je riais et je lui demandais si elle tentait de s'enfuir. J'ignorais alors qu'effectivement, elle avait probablement l'habitude de projeter sa conscience là où elle le souhaitait et qu'elle tentait d'emporter son nouveau corps avec elle.

Ce n'était que le début. Je savais que ma petite-fille n'était pas la seule à faire montre de ce don et qu'il y en avait d'autres comme elle. Cette découverte a éveillé ma curiosité et m'a conduite dans des territoires inexplorés de la réalité.

Chaque enfant, chaque situation, est unique. L'information compilée dans ce livre provient de ma propre expérience en séances de thérapie, d'entrevues personnelles et de sites Internet, ainsi que de la contribution de professionnels ayant identifié ces enfants et travaillant avec eux jour après jour. Il existe peu d'ouvrages traitant des domaines que nous allons aborder dans ces pages. Si le contexte s'y prête, je citerai ces références. Il y a des sites Internet formidables qui offrent des renseignements sur les enfants du présent ; je les présente à la fin du livre pour vous permettre d'explorer plus à fond le sujet. Il ne s'agit pas de recommandations, ces listes sont simplement des voies à explorer pour obtenir des renseignements utiles et actuels sur ces enfants.

Je souhaite ardemment que ce livre éveille la conscience et soutienne les parents, professeurs, responsables, éducateurs et même l'establishment médical. Essentiellement toutefois, il s'adresse aux enfants du présent qui ne reçoivent pas ce dont ils ont besoin. De nombreux enfants souffrent sans raison parce que leurs besoins ne sont pas identifiés. Certaines familles redoutent tout simplement les dons que présentent leurs enfants. À mesure qu'ils grandissent et se développent, cette crainte entraîne toute une série de problèmes chez eux. En présence d'un tel sentiment de non-appartenance, il est bien de savoir que nous ne sommes pas seuls.

Afin de ne pas exploiter les familles et leurs enfants, ou de trahir l'engagement de confidentialité entre le thérapeute et le client, j'ai employé des pseudonymes pour la majorité des enfants – à l'exception de Nicholas, auteur de cette excellente préface, de Lorrin, de John Everett, de Peter et de Christina, dont je parlerai un peu plus loin. Naturellement, les enfants doués ne ressemblent pas tous à ceux que je décris ici, mais le nombre de jeunes similaires est tout de même étonnant.

J'aimerais que chaque lecteur qui parcourra ces pages acquière une connaissance nouvelle, se sente curieux ou se forme une autre opinion qui, au bout du compte, aidera un enfant qui n'aurait autrement pas été reconnu.

Au début de chaque chapitre, et en d'autres endroits, je cite quelques-uns des enfants avec qui j'ai été en contact. Encore et encore, la simplicité de leurs messages m'a bouleversée. On dirait que Dieu, la Source et l'Esprit s'expriment directement par la voix des petits. Ils se souviennent.

Lorsque les enfants du présent reçoivent les soins appropriés et qu'on encourage leurs dons, ils se souviennent, émettent des observations judicieuses et font preuve de dons exceptionnels. Malheureusement, mon expérience m'a enseigné qu'on ne confirmait pas les étonnantes révélations d'un grand nombre de ces jeunes. Ils expriment avec candeur ce qu'ils voient et ce qu'ils vivent, mais puisqu'on refuse d'admettre leurs dons, ils oublient rapidement ce qu'ils savaient avant de venir sur Terre. Tôt ou tard, ils cessent de se servir de leurs facultés. Prenons le cas de cette fillette blonde aux yeux bleus, que je connais presque depuis sa naissance et qui fait les délices et l'étonnement de tous ceux qu'elle a rencontrés depuis qu'elle a appris à parler – en très bas âge. Lors de la rédaction de cet ouvrage, elle avait environ quatre ans. Appelons-la « Sky ». Depuis qu'elle était toute petite, Sky s'attirait un public partout où elle allait. Sa personnalité attrayante faisait d'elle un aimant pour les êtres humains. Jusqu'à récemment, les gens s'assemblaient autour d'elle et cet enfant exposait ses vues sur la vie, la vérité et d'autres thèmes pour le moins métaphysiques. La petite est douée d'une sagesse bien au-delà de ses années. Elle est aussi plus douce et jouit d'une meilleure coordination physique que la plupart des bambins de son âge. Puis, Sky est devenue timide, elle a cessé d'exprimer publiquement ses intuitions profondes. Elle n'était plus la petite personne effervescente que je connaissais. Lorsque je lui ai demandé pourquoi elle avait décidé de se taire, elle répondit : « Quand je parle, on se moque de moi et ça me blesse. Je n'aime pas que les gens se moquent de moi, alors j'ai cessé de leur parler. » Ses parents respectent tout à fait son don exceptionnel et l'encouragent, mais le public en général la traitait comme un spectacle, une curiosité et par conséquent, elle a fermé les portes de la communication. Quelle perte pour nous tous ! Malheureusement, de telles situations représentent la règle plus que l'exception. Si on ne leur apporte pas les soins, l'approbation et l'encouragement dont ils ont besoin, alors vers cinq ou six ans, les enfants s'entourent de cloisons énergétiques protectrices bloquant le flux d'information. Bientôt leur perception plus fine s'atténue, les voies vers la conscience supérieure se ferment et tout est oublié. Ces enfants ressentent intensément leur « différence ». Quel déplorable constat pour notre société soi-disant éclairée et civilisée ! Les moyens de façonner un avenir plus reluisant viennent à nous sous la forme de générations nouvelles, et nous ne le reconnaissons même pas. Les enfants du présent nous apportent les secrets de cette vie et de l'au-delà, et nous nous fermons. Pourquoi donc ?

Les générations précédentes ont appris que les enfants n'avaient pas droit à la parole. Aujourd'hui plus que jamais, ce sont pourtant eux qu'il faut écouter. Dans l'évolution de l'humanité, les enfants du présent forment une passerelle vers la conscience supérieure et, par le fait même, vers l'avenir de cette planète. Comment parvenir à les identifier ? Écouterons-nous ce qu'ils ont à dire ? Sommes-nous capables de nous lancer dans l'aventure, sachant que ces enfants peuvent nous conduire bien au-delà de nos perceptions actuelles de la réalité, vers de nouvelles sphères de perception et de possibilités ? Il n'en tient qu'à nous, leurs mentors, leurs gardiens et leurs familles de prêter attention à ces enfants et d'agir en leur nom. Il faut nous défaire des anciens paradigmes et ouvrir notre cœur, notre esprit et notre âme, aux perspectives que les enfants du présent ont à nous offrir.

C'est une occasion comme jamais dans l'histoire de l'humanité. À mon sens, la perception compte pour environ 80 pour cent de la solution dans n'importe quelle situation. Pour découvrir cette perception, il faut d'abord accepter l'idée que notre réalité dépasse de loin ce que nous connaissons ou admettons à l'heure actuelle. Ce phénomène transcende toutes les frontières de races et de religions, voire tous les systèmes de valeurs et les normes sociales. Nicholas l'exprime avec éloquence dans la préface ; il faut prêter sérieusement attention aux enfants.

Par ailleurs, il faut être disposé à s'ouvrir à leurs messages. Un regard honnête sur l'état actuel de notre monde suffit pour comprendre que l'humanité et la planète sur laquelle nous vivons foncent vers l'annihilation. Nous avons oublié les merveilles de l'existence au-delà du quotidien. Nous avons oublié la perfection de chaque instant de notre vie. Nous cherchons à l'extérieur de nous-mêmes le réconfort et le gain, et nous attendons de quelqu'un d'autre qu'il nous apporte ce dont nous avons besoin. En règle générale, nous éprouvons un profond sentiment de vide, et jour après jour, nous nous efforçons de le combler. Nous avons oublié que nous sommes déjà comblés ! Tout ce dont nous avons besoin se trouve en nous. Les enfants s'en souviennent et ils sont venus nous rappeler que nous sommes des êtres beaucoup plus vastes que ce que nous percevons dans l'illusion quotidienne que nous appelons « réalité ».

Les enfants du présent apportent à notre monde la possibilité d'un changement évolutif remarquable. Ils sont chargés d'une mission, ils ont un rôle formidable à jouer et ils ont besoin de notre aide. Leur douance est porteuse d'illumination pour nous, et leur sagesse conjure des époques et des univers que nous avons oubliés.

Par leur innocence et leur clarté, les enfants du présent ont pour mission de nous enseigner une réalité plus vaste. Et en outre, ils sont l'avenir de notre monde. Effectivement, si nous prêtons attention aux enfants du présent, l'humanité se détournera de la trajectoire autodestructrice sur laquelle elle s'est engagée, pour emprunter une voie plus épanouie, plus positive – une réalité plus universellement orientée, qui apportera les plus grands bienfaits à chacun. Les étoiles scintillantes que vous découvrirez au fil de ces pages sont mystérieusement miraculeuses. Elles défient toutes les définitions comportementales ou psychologiques, et transcendent les normes sociales et religieuses. Ce sont des passerelles pour l'humanité tout entière, passerelles qui proviennent de notre Source ; elles sont porteuses de messages d'importance à notre intention. Les enfants du présent représentent l'essence même de la perfection – ce sont des phares lumineux débordant d'une vérité passionnée et de l'innocence que l'humanité possédait naguère et qu'elle peut encore retrouver. Les enfants sont ici et ils sont maintenant – et d'autres viendront encore ! Sommes-nous disposés à leur prêter attention ?

## Chapitre 1

# BIFURCATIONS DE L'ÉVOLUTION

*Créer une réalité nouvelle, c'est aussi simple que de le faire.*
(Message télépathique de l'un des enfants)

Pourquoi tant d'enfants naissent-ils aujourd'hui en possession de dons spéciaux ? Pourquoi sont-ils « différents » des autres ? Et en quoi diffèrent-ils ? L'humanité connaît aujourd'hui une forme d'évolution circulaire. Comme l'expose mon livre Pyramids of Light : Awakening to Multidimensional Realities, nos champs d'énergie électromagnétique et notre structure génétique évoluent continuellement pour retourner vers notre état originel, qui était de lumière, cette même lumière qui est notre Source, notre Dieu et notre Créateur. Dans une certaine mesure, chacun de nous porte en lui cette lumière, qui contient les souvenirs de toute l'éternité. Le souvenir de cette lumière au sein de notre être le plus profond est le moteur de l'évolution qui nous ramènera à nos origines.

Avant le temps tel que nous le mesurons aujourd'hui, et au fil de notre évolution en tant qu'êtres humains, nous sommes devenus de plus en plus denses, jusqu'à ce que nous parvenions à notre forme présente. Au cours de ce processus, notre esprit pensant s'est développé, parce que nous avions besoin de survivre en tant qu'entité biologique. Lorsque nous avons migré en quête de nourriture et en raison de changements climatiques, nous avons aussi appris à communiquer avec autrui. Avec cette communication se sont développés l'art et la subtilité de la parole, et par la suite, l'ego. Même aujourd'hui, l'ego nous informe si nous sommes ou non en sûreté, en se fondant sur nos expériences antérieures. Notre ego nous induit souvent en erreur, car il n'évalue pas nos circonstances actuelles à la lumière de l'instant présent, mais uniquement à partir de nos expériences passées.

Par le fait même, notre raison comble parfois les lacunes pour que les choses paraissent sensées, ce qui cause souvent des problèmes !

Tels des pendules, nous avons dépassé le stade le plus élémentaire de notre développement et nous voilà désormais dans le mouvement ascendant vers les sommets de l'existence. Puisque tout en nous cherche sa Source, les changements se produisent de l'intérieur.

## Nouvelles relations d'ADN

Tous les êtres humains sont doués d'un ADN dont les brins ressemblent à une échelle en spirale (voir figure 1). Chaque brin d'ADN comporte des segments de protéines communiquant les uns avec les autres. La communication entre ces filaments de protéines s'établit depuis des millénaires par des interactions linéaires semblables à une réaction en chaîne. Un segment de protéine communique avec un autre, puis un autre, le long d'une chaîne.

Si un changement se produit dans l'organisme, l'ARN transmet les messages provenant de notre ADN et vers celui-ci (voir

*figure 1*

figure 2). L'ARN identifie les processus physiologiques dont notre ADN doit être informé et transmet les messages sur ces processus dans l'organisme vers l'ADN, qui réagit en conséquence. Outre la communication avec les segments protéiniques, l'ADN comporte un champ d'énergie électromagnétique qui circule entre les brins et autour d'eux ; ce champ d'énergie agit comme un poste radiophonique à cristaux liquides. Il fonctionne à partir de séries de fréquences, comme un poste de radio que l'on syntonise. Le champ d'énergie électromagnétique à l'intérieur et autour de l'ADN transmet et reçoit des données, et dicte à notre corps et à nos champs d'énergie subtile quelles modifications s'imposent. Quand nous éprouvons des sentiments, des sensations physiques, des émotions – toute forme d'expérience, alors notre constitution dans son ensemble réagit et s'altère, car notre système électromagnétique et notre ARN en informent notre ADN. Les messages passent par nos systèmes d'énergie subtile, qui communiquent à l'infini. Autrement dit, notre ADN parle à l'ensemble de la création. Et cette communication avec l'univers engendre de nouvelles réalités. Notre corps de même que nos expériences de vie s'altèrent en fonction de ces nouvelles réalités. Si nos systèmes doivent s'adapter à de nouvelles circonstances, l'ADN déclenchera ces changements et les surveillera de près. Tout comme pour notre cerveau (dont nous n'utilisons qu'environ 5 à 7 pour cent), nous nous servons très peu de l'information que contient notre ADN parce que nous avons oublié comment y accéder, comme nous le faisions naguère. Récemment, certains d'entre nous ont commencé à se souvenir !

Au cours des dernières années, notre ARN s'est mis à identifier des données électriques et électromagnétiques qu'il n'avait pas auparavant été en mesure de reconnaître, et à les transmettre à l'intérieur et autour du corps. Autrement dit, les postes émetteurs ont modifié leurs fréquences pour adopter des bandes de réception plus larges. Cela modifie les interactions au sein de nos segments d'ADN et dans notre corps. Et donc, notre rapport à l'ensemble de la création.

Ces nouveaux schémas permettent à l'ADN de communiquer autrement. Les enfants du présent sont des exemples vivants de cette révolution génétique. Au lieu de communiquer d'une manière linéaire, les charges électriques qui participent au mécanisme de communication dans l'échelle d'ADN forment désormais un arc d'un segment protéinique à un autre. Par conséquent, les charges sautent souvent d'un segment à un ou plusieurs autres, sur des brins d'ADN opposés. Voilà un développement étonnant.

À mesure que notre ADN se transforme, nous évoluons. Les nouveaux schémas de réseaux électriques dans notre ADN forment un entrelacement d'énergie – un tissu d'énergie électromagnétique – entre les brins, faute d'expression plus précise. Ces relations génétiques nouvelles créent une matrice énergétique, un champ d'énergie nouveau entre les montants des échelles de la structure d'ADN. Lorsque ces champs s'harmonisent et s'unifient, nous changeons ; et nos enfants changent.

Cette nouvelle configuration électrique représente une avancée majeure dans notre évolution d'êtres conscients. L'humanité

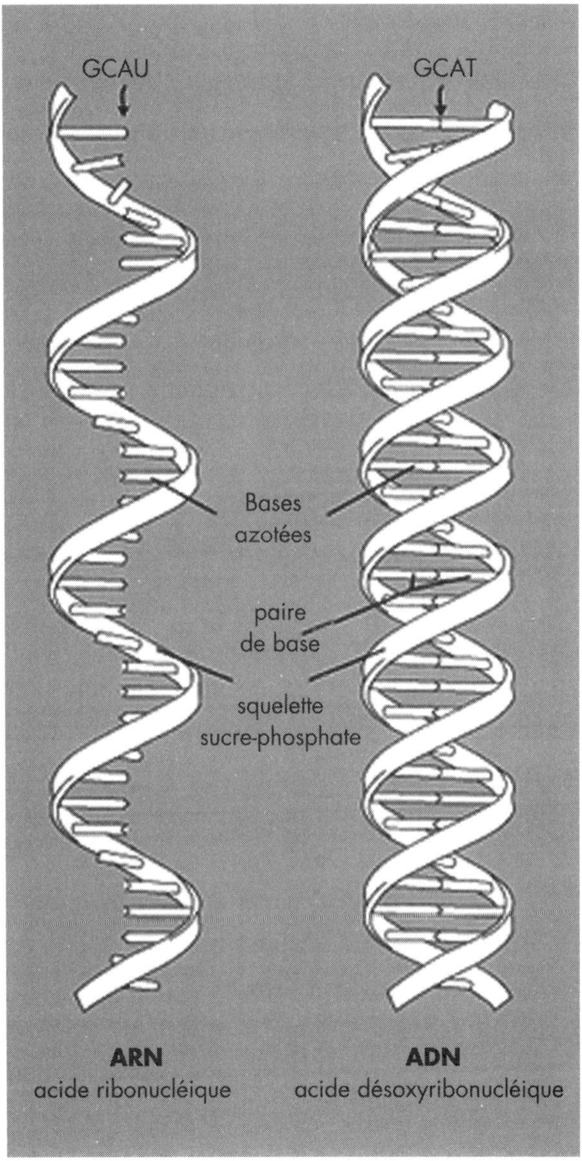


*Figure 2. Relations d'ARN et d'ADN*

s'éveille peu à peu à d'autres réalités et même à des états supérieurs de perception consciente. Nous nous souvenons graduellement que nous sommes bien davantage que ce que nous croyions être jadis. Une foule de gens se souviennent spontanément de vies antérieures et acquièrent une conscience multidimensionnelle. Certains découvrent qu'il n'existe pas de limite à ce qui peut être accompli avec la conscience pure.

À mesure qu'un nombre croissant d'entre nous « s'éveillent », de plus en plus de gens se souviendront. À mesure que nous changeons, notre ADN et notre ARN continuent à s'ajuster. Au fil de ce processus, l'ADN d'un plus grand nombre se met à changer et à évoluer encore plus rapidement. C'est un processus constant. À mesure que l'ADN se transforme chez une personne, chez deux, puis chez de plus en plus de personnes, on approche du moment où il y aura un consensus de nature. D'habitude, on nomme ce phénomène « masse critique » – le moment où une tendance évolutionniste devient norme. (Comme exemple, on peut citer la « théorie du centième singe », selon laquelle si un nombre croissant de gens apprennent à se comporter autrement, à un certain moment, la masse critique est atteinte et la population tout entière adoptera spontanément ces comportements qui seront désormais la norme.)

En termes de conscience, il existe aussi une masse critique. Alors que nous évoluons sur le plan physique, la fonctionnalité de la conscience en nous grandit de même. D'un point de vue évolutif, c'est gigantesque. Nos enfants manifestent des éléments de la conscience supérieure ; par ailleurs, nous constatons même chez les adultes des niveaux de perception consciente encore inconnus il y a quelques années. Par le fait même, les enfants qui viennent aujourd'hui au monde, progéniture de cette évolution récente, arrivent avec des schémas de communication d'ADN nouveaux, plus avancés.

Les nouveaux schémas dans notre système d'ADN ressemblent assez à Internet, sauf que leur portée et leurs capacités sont sans limites. Ils sont infinis, et la mesure de notre potentiel est de même infinie. Peu à peu, notre conscience travaille plus facilement et plus intégralement, et de connivence avec notre système d'ADN. Puisqu'une communication universelle plus complète s'établit, notre conscience gagne en lucidité.

Nos enfants n'écoutent pas uniquement avec leur mental, ils écoutent avec leur corps tout entier. Par ailleurs, leurs champs énergétiques sont accordés à un champ de transmission et de réception beaucoup plus vaste. Les enfants du présent communiquent dans notre monde avec chaque particule de leur être, et le monde leur répond. Mais, entendons-nous vraiment nos enfants ?

## Perception consciente, ADN et énergie

La conscience et le mental sont deux choses distinctes. Le mental est une fabrication logique – un outil que nous avons conçu pour permettre notre survie en tant qu'êtres humains. Il participe à nos stratégies défensives, en rationalisant, en quantifiant, et nous informe de nos progrès au fil de nos expériences. La conscience n'est pas l'ego non plus ; c'est l'essence de notre identité véritable. Elle n'est pas circonscrite au corps et peut facilement parcourir d'autres époques, d'autres lieux, d'autres réalités, en temps réel et dans les rêves.

Notre conscience est superluminale (plus rapide que la vitesse de la lumière) ; elle peut capter n'importe quelle information ou expérience dont nous avons besoin depuis n'importe quel lieu de la création.

La conscience pénètre les cellules embryonnaires au moment de la conception. Elle porte les souvenirs de vies antérieures ; voilà pourquoi nous avons parfois l'impression de déjà vu. Nous y étions. Voilà pourquoi aussi nous reconnaissons certaines personnes d'emblée. Nous les avons déjà rencontrées. La conscience s'étend au-delà de cette réalité, de l'ici-et-maintenant, pour capter des informations intuitives sur le passé, le présent et l'avenir. C'est cette partie en nous qui est perpétuellement alerte et qui perçoit tout dans l'ensemble de la création.

Notre conscience est capable de déplacer des montagnes, d'altérer la matière et de se déplacer dans le temps et l'espace, même vers d'autres sphères de réalité. Elle est capable de déclencher la guérison sur des plans profonds, en pénétrant la conscience d'autres personnes, en ressentant et en sachant ce qu'ils vivent. C'est notre plus grand pouvoir et notre sensibilité la plus fine.

Au fil de notre évolution, le souvenir d'avoir été pure conscience s'est atténué car nous avons appris à penser et à communiquer rationnellement. Comme conséquence naturelle, nous nous sommes fermés à la perception de réalités plus vastes. Aujourd'hui, ces portes s'ouvrent à nouveau, car ces perceptions lucides nous reviennent peu à peu. Les enfants du présent viennent en ce monde avec ces voies ouvertes, partiellement ou toutes grandes, et leur conscience accomplit aisément les prodiges que la nôtre a depuis longtemps oubliés. La conscience des enfants se souvient de qui ils sont et de l'endroit d'où ils proviennent ; et ce souvenir reflète à son tour le souvenir de notre identité véritable.

Du fait que la conscience et l'ADN sont tous deux constitués d'énergie électromagnétique, ils fonctionnent en tandem. Lorsque notre conscience et notre ADN collaborent l'un avec l'autre, nous sommes en mesure d'agir comme des observateurs conscients et délibérés de toute la création, et d'y participer. Notre conscience fait l'expérience de chaque plan de réalité, puis transmet directement ces expériences à l'ADN par voie électromagnétique.

(N'oubliez pas, notre ADN reçoit des données provenant de l'ARN, les traite, puis retransmet ces expériences partout dans le corps, de nouveau par l'ARN.) Simultanément, l'ADN transmet ces changements à la conscience, qui les communique à l'ensemble de la création.

C'est un cycle sans fin, indispensable à notre existence même et à la manière dont nous vivons. Chacune de nos pensées, chacune de nos paroles et chacune de nos émotions est une forme d'énergie et, par le fait même, possède une signature harmonique. Cette signature marie des fréquences qui, dans leur somme, sont porteuses de messages spécifiques émanant de nous ou qui nous sont adressés. Par exemple, si nous vivons une expérience désagréable, il se produira peut-être une réaction viscérale dans notre corps – un tressaillement dans la poitrine ou un nœud dans l'estomac. Inversement, si la situation est agréable, notre poitrine se gonflera sous l'émotion de l'instant. Le corps réagit à nos expériences. Leurs fréquences énergétiques se diffusent dans le corps mais ne nous affectent pas que physiquement – elles s'assimilent à notre conscience. Ainsi, chaque expérience est enregistrée ou inscrite physiquement (biologiquement) et sur le plan énergétique (dans nos champs énergétiques) ; ces empreintes s'intègrent à notre constitution et à l'ensemble de la création. La conscience communique aussi directement avec l'ADN, si bien que notre existence est éthérique et physique tout à la fois. C'est pourquoi nous ne sommes pas les mêmes d'un instant à l'autre. Notre constitution tout entière se transforme, et notre organisation énergétique et harmonique s'adapte aux circonstances. Certains changements sont importants, d'autres, plus subtils.

Les enfants du présent sont doués d'un système de communication universelle plus direct, profilé et raffiné, un système qui a sauté plusieurs des étapes que les générations précédentes ont dû franchir. Les champs énergétiques des enfants sont des transmetteurs et récepteurs vivants. Voilà pourquoi quelques-uns des enfants font preuve d'une douance rare, comme les enfants chinois télépathes qui se livrent à des prodiges stupéfiants ou les indigos qui communiquent le long des tracés de la grille énergétique. Les récents systèmes énergétiques chez ces enfants sont des ensembles d'énergie vivante. C'est un peu comme avoir un poste de radio allumé en tout temps qui capterait toutes les stations simultanément. Quelques enfants arrivent à filtrer l'information superflue, d'autres n'en sentent pas le besoin et d'autres encore ont appris à traiter l'ensemble de l'information concurremment parce que leur cerveau fonctionne différemment. Pour les enfants du présent, tous les canaux sont accessibles parallèlement et sans qu'ils aient à ajuster leur appareil. « Panréceptivité » !

Parmi les enfants du présent, plusieurs sont porteurs d'une perception, d'un savoir et d'une intuition exceptionnels – à vrai dire, d'un éventail de dons illimités. Ils se servent de leur conscience spontanément pour obtenir des réponses sur la vie et sur l'existence intemporelle. Par ailleurs, en raison de la structure et des schémas de leur ADN, les enfants du présent sont hypersensibles à leurs propres sentiments et à ceux des gens qui les entourent. Ils jouissent d'une sagacité inconcevable et sont animés d'une compassion qui imprègne et dynamise leur conscience sociale. En tant que conscience en incarnation – et intensifiée par l'évolution de leur ADN – les enfants du présent personnifient une nouvelle manière d'être totalement inédite ; leur évolution se poursuit longtemps après leur naissance. Leurs champs énergétiques s'adaptent sans cesse, les couleurs changent, les motifs du mouvement aussi, et le spectre des teintes de l'ensemble s'éclaircit continuellement.

Les enfants dont on encourage la douance s'épanouissent ; ils créent des œuvres d'art fantastiques, composent des musiques sublimes et étudient la science ; ils partagent avec nous des révélations d'une profondeur infinie. Ils perçoivent la réalité de notre être comme aucun humain auparavant et ils sont capables d'exprimer ces perceptions avec amour et sensibilité.

Malheureusement, bon nombre des enfants du présent ne sont pas entendus. On fait fi de leur envergure, la qualifiant de fantasme ou de débordements de l'imagination. En vérité, leurs perceptions et leurs expériences sont bien réelles !

*Chapitre 2*

# MÉPRISES MÉDICALES

## Harmoniques et fonctionnement cérébral

Lorsque nous sommes soumis à un stimulus quelconque, notre cerveau réagit en émettant des impulsions électriques qui diffusent des messages le long des voies neuronales dans le cerveau et dans l'organisme. Ces messages sont également émis et transmis depuis et vers notre conscience et l'ensemble de la création. Le fonctionnement de notre système de messagerie se fait sous forme de fréquences électromagnétiques – d'énergie. Les champs énergétiques à l'intérieur et autour de notre corps, ainsi que ceux sur les plans multidimensionnels, sont aussi de nature électromagnétique. Toutes les strates énergétiques qui nous constituent communiquent sans cesse les unes avec les autres. C'est un peu comme si nous étions constamment en mode interactif et recevions sans effort l'information dont nous avons besoin. Parce que nous nous servons de notre cerveau pour des fonctions logiques, nous ne remarquons pas d'habitude les communications plus subtiles qui surviennent.

Le cerveau des personnes douées fonctionne différemment. Ne l'oubliez pas, l'énergie porte de l'information, et le cerveau utilise l'énergie pour fonctionner. Les gens intuitifs ou doués sur le plan métaphysique possèdent une aptitude innée à accéder à divers niveaux d'énergies subtiles et donc, à d'autres réalités, où ils ont la prescience ; dans certains cas, ils parviennent à libérer suffisamment leur conscience pour explorer d'autres époques, d'autres lieux et des réalités au-delà de la troisième dimension. Chez les personnes douées d'intuition ou de facultés paranormales, les messages que contient l'énergie sont distribués différemment dans le cerveau, de manière à être compris – du moins à un certain niveau de perception ; ces messages ne s'égarent pas en raison du fonctionnement cérébral linéaire. Les analyses médicales ne sont pas en mesure de déceler ce mode opératoire autre, surtout parce que la communauté médicale n'a pas encore considéré sérieusement ou intégralement l'existence ou les effets des énergies subtiles. On ne possède pas encore d'instruments capables de mesurer ces types d'énergie plus subtile, plus fine.

Souvent, en raison de certains stimuli ou d'altérations dans les rapports du fonctionnement énergétique, un enfant de l'évolution nouvelle paraîtra différent, voire manifestement dysfonctionnel. Autrement dit, quelques enfants nouveaux ne semblent pas fonctionner « normalement » sur les plans mental, affectif ou physique. Quelques jeunes souffrent de toutes sortes d'incapacités apparentes, mineures ou majeures. Quelques autres présentent de sérieuses invalidités physiques, mais font montre d'une clarté spirituelle issue d'une maîtrise et d'une sagesse que peu d'adultes possèdent. Ceux qui paraissent profondément atteints sont muets ou n'ont pas l'usage de la parole ; plusieurs cependant communiquent par télépathie plus facilement que nous avec les mots. Le comportement de certains petits n'est pas conforme à ce que la norme dicte dans certaines situations. D'autres donnent l'impression de « planer » ou de « ne pas obéir au programme », mais cela provient du fait que leur propre programme surpasse de loin notre programme quotidien simpliste.

Certains sont simplement « aptes à autre chose ». Ils sont très intuitifs et remarquablement doués, mais éprouvent des difficultés avec l'apprentissage linéaire ou par cœur. Leur immense intelligence fait qu'ils s'ennuient rapidement et donnent des signes d'apathie, par exemple, ont un rendement scolaire médiocre ou adoptent des comportements perturbateurs. Ces symptômes s'expliquent par le caractère ultrarapide de l'évolution à l'heure actuelle ; des énergies tumultueuses ou dissonantes s'immiscent parfois dans les ondes cérébrales et les champs énergétiques des jeunes.

Le cerveau et le système d'énergie globale captent de la statique, semblable aux interférences dans un poste de radio. L'énergie suit alors un schéma en boucle dans le cerveau, ce qui influe sur les domaines d'intelligence auxquels l'enfant aura accès. Inversement, chez certains petits, les champs énergétiques dans le cerveau s'unifient et engendrent un champ énergétique qui accède à des régions du cerveau que la majorité des gens n'utilisent pas. En raison de ces altérations présumément anormales de l'énergie, quelques enfants présentent des dysfonctions physiques, une intelligence supérieure ou une douance dans un domaine particulier ; ils accèdent même à des révélations spirituelles remarquables. Les possibilités sont infinies, car elles ne dépendent que de l'organisation des champs énergétiques subtils dans le cerveau de l'enfant.

Même s'il est conçu pour évaluer l'activité électrique du cerveau, en règle générale l'électroencéphalogramme (EEG) ne décèle pas ce type d'activité. C'est pourquoi plusieurs enfants présentant ces anomalies obtiennent des résultats normaux ; on les affuble ainsi de l'étiquette « mystère médical ». En effet, la profession médicale ne prend pas en compte les relations électromagnétiques à l'intérieur et autour du corps ; de même elle ne tient pas compte du fait que l'être humain est constitué de strates de divers types et de champs d'énergie subtile. On ne considère pas non plus les aspects multidimensionnels des enfants, aspects qui sont en interaction mutuelle en tout temps. De nouveaux liens dans nos champs énergétiques nous permettent parfois d'accéder à d'autres réalités par la conscience. Nous sommes capables de rationaliser notre réceptivité universelle, réceptivité qui engendre une conscience plus vaste de notre expérience tridimensionnelle. Lorsque l'activité cérébrale réagit aux modifications électromagnétiques, alors ces fréquences s'unifient pour engendrer des schémas intéressants. Les ondes gamma, et même certaines fréquences plus élevées, prévaudront alors. Les ondes gamma représentent la plus haute fréquence d'ondes cérébrales chez l'être humain – elles sont bien au-dessus des ondes thêta, ondes produites lors de la méditation et dans les états intuitifs. À ce jour, la science moderne ne parvient toujours pas à expliquer ce qui se produit lorsque les ondes gamma prédominent dans le cerveau. Le fait que nos ondes cérébrales adoptent d'autres schémas influe sur la conscience. Il ne s'agit pas vraiment d'altérations aux états de veille ou de sommeil – mais d'une certaine manière, si. Nous nous « éveillons » à des réalités plus vastes. La conscience des nouveaux enfants perçoit des réalités autres et des univers multidimensionnels. Pour tout dire, leur conscience en vient à se libérer intégralement des contraintes spatiales ou temporelles. Ces enfants passent aisément d'une réalité à l'autre, tout en restant parfaitement conscients de toutes les réalités à la fois. Cette perception lucide initiale, je l'appelle intuition – un état où nos schémas d'ondes cérébrales se sont unifiés et où s'enclenche une perception des réalités surnaturelles. À ce stade, on sait que d'autres réalités existent, mais la connaissance ne va pas plus loin.

Le stade subséquent, c'est la communion, communion qui implique l'interaction consciente avec d'autres réalités. L'enfant a non seulement conscience d'autres réalités, mais il apprend à s'y connaître à leur sujet. Cela signifie qu'il voit et s'entretient avec d'autres êtres dans diverses sphères de réalité. (Voilà qui apporte un sens tout nouveau à la notion d'ami invisible !) La communion, c'est aussi une expérience délibérée d'énergie des « alter-réalités », pour apprendre d'elle. Les jeunes sont capables de voir et d'échanger avec leurs guides et d'autres êtres éthériques, voire d'établir des liens d'amitié. Ils sont capables de projeter leur conscience dans le concept universel pour voyager dans l'espace et le temps ; ainsi, ce sont des messagers de sagesse venus de loin.

## L'autisme

À l'heure actuelle, le diagnostic d'autisme parmi la population infantile est devenu plus fréquent que jamais auparavant, et continue de croître. La conscience est un phénomène extraordinaire, que la plupart des professionnels – à vrai dire, la majorité des gens – saisissent très mal. C'est pourquoi on établit souvent des diagnostics médicaux qui sont, à mon sens, erronés.

Parfois, l'enfant naît doué de ces dons remarquables, mais sa douance ne sera ni reconnue ni encouragée ; il se repliera alors dans ses réalités autres. Dans ces cas-là, l'enfant semblera s'être retiré à l'intérieur et n'avoir qu'une conscience partielle ou inexistante de son environnement tridimensionnel.

À vrai dire, il est beaucoup plus facile d'établir des rapports depuis un état de pure conscience que d'affronter le fait de ne pas être entendu ni reconnu. Il est difficile pour ces enfants de formuler en langage ordinaire les expériences supramondaines que leur conscience goûte si aisément.

Naturellement, les cas d'autisme n'impliquent pas tous ce genre de méprise, mais on pose ce diagnostic erroné de plus en plus fréquemment, car ces enfants exceptionnels viennent en notre monde en nombre croissant.

L'autisme représente un cas classique d'harmoniques fonctionnant différemment. Chez l'autiste, l'énergie électromagnétique du cerveau se met à circuler en boucle. Autrement dit, l'énergie adopte des cycles circulaires ou elliptiques dans une petite région du cerveau. Du fait que certains schémas énergétiques se mettent à fonctionner de manière circulaire, d'autres secteurs du système énergétique, les récepteurs sensoriels, se bloquent sur « marche ». (Encore une fois, il faut souligner que les enfants présentant des symptômes d'autisme n'appartiennent pas tous au mouvement évolutif actuel. Nous n'abordons ici que les cas qui présentent les schémas d'énergie nouveaux.) Lorsque les communications électromagnétiques dans le cerveau circulent en boucle, l'enfant se « bloque » à l'intérieur de cette marge étroite. Le réseau de neurones développe un format étriqué, restreint, qui à son tour limitera l'aptitude de l'enfant à interagir normalement dans une réalité tridimensionnelle. Voilà pourquoi il existe divers degrés d'autisme : des cas mineurs, où l'enfant reste passablement fonctionnel, mais éprouve des difficultés ; des cas modérés, où l'enfant n'arrive à fonctionner que partiellement mais a conscience du présent ; et même des savants, qui font preuve de génie dans des domaines spécifiques.

Sur les plans harmonique et énergétique, ce que nous considérons comme de l'autisme n'est souvent qu'une simple réorganisation des relations harmoniques dans les champs d'énergie électromagnétique du cerveau, voire de l'organisme tout entier.

Chez plusieurs de ces enfants supposément autistes, le toucher est perçu comme une menace. Cela s'explique par le fait que, lorsqu'on les touche, ils ressentent tout ce que les gens ont jamais vécu : les frayeurs comme les sentiments les plus intenses, les ténèbres et la lumière en eux. Par ailleurs, la plupart des enfants autistes ne supportent pas d'être entravés de quelque manière que ce soit, parce que le simple fait d'habiter leur corps est pénible. Quelques-uns ne peuvent pas même supporter les vêtements ou les chaussures. Encore une fois, cela ne s'applique pas à tous les autistes, car il existe d'autres causes à cet état. Néanmoins, il s'agit d'un trait qui caractérise à coup sûr les enfants nouveaux.

Selon un certain courant de pensée, le mercure que contiennent les vaccins administrés aux petits, dans l'environnement et même dans les fruits de mer consommés par la mère pendant la grossesse, aurait contribué au nombre croissant de cas d'autisme. L'intoxication au mercure chez l'être humain est effectivement causée par l'ingestion de produits de la mer. Un autre facteur d'intoxication au mercure provient des amalgames dentaires dont les dentistes se servent pour l'obturation des caries. Avec le temps, le mercure se libère des amalgames pour se répandre dans l'organisme. La science admet que le mercure est hautement conducteur et peut servir à produire du combustible électrique. Cette conductivité génère automatiquement un champ électromagnétique. Le champ électromagnétique présente généralement une polarité opposée au champ électrique ; l'électricité tourne dans un sens et la polarité électromagnétique dans l'autre. Cette opposition des polarités engendre l'équilibre et la stabilité. Lorsque les deux polarités, électriques et électromagnétiques, tournent dans la même direction cependant, des portails au travers de l'espace-temps s'ouvrent, les frontières entre notre réalité et celle d'autres univers s'estompent, et la loi de la gravité ne s'applique plus. Voilà le principe même de la technologie antigravitationnelle ; et ce principe explique comment les OVNIS semblent aller et venir dans notre monde. Voilà aussi le principe qui permet de voyager dans le temps et qui décrit le fonctionnement de notre conscience dans cette réalité et au-delà.

C'est pourquoi un excès de mercure dans l'organisme causera peut-être le fonctionnement défectueux des relations et des mouvements électromagnétiques dans le cerveau – d'où les schémas en boucle et l'autisme, ainsi que d'autres anomalies de la conscience et de la cognition. La présence du mercure génère peut-être une relation électromagnétique nouvelle dans le corps, provoquant une altération de l'ordre des déclics électriques ou une communication différente. Si ces changements se produisent chez l'enfant, certains comportements seront absents ou alors modifiés ; le petit sera considéré « anormal ».

À vrai dire, lorsqu'un enfant naît avec des nouveaux schémas énergétiques et des systèmes électromagnétiques plus raffinés, et que son organisme s'intoxique aux métaux lourds, la toxicité est susceptible d'amplifier les différences ou les dysfonctions globales et peut contribuer sérieusement à des altérations dans les relations électriques et électromagnétiques de l'organisme tout entier. De nouvelles relations énergétiques s'établissent et entraînent ainsi une autre série de problèmes. Une prise de sang ou l'analyse de cheveux permet de déceler la toxicité causée par les métaux lourds ; le médecin peut en faire la demande.

## TAD et TADH

Les enfants qui se servent du nouveau schéma d'ondes cérébrales donnent souvent l'impression de souffrir du trouble de l'attention déficitaire (TAD) ou du trouble de l'attention déficitaire avec hyperactivité (TADH). L'enfant semble éprouver de la difficulté à accomplir une tâche, à prêter attention ou à rester concentré. La vérité, c'est que les enfants du présent n'ont pas le même processus de pensée que leurs prédécesseurs. Les êtres humains pensent généralement de manière linéaire ; une pensée en suit logiquement une autre le long d'une ligne droite. Chaque lien dans la chaîne de raisonnement joue le rôle de connecteur entre une partie d'information et la suivante, jusqu'à ce qu'une histoire se construise de manière cohérente.

Le cerveau des enfants du présent fonctionne autrement. Plutôt que de se servir de la logique linéaire, ils pensent par compartiments. Pour illustrer ce phénomène, imaginez que le cerveau de ces jeunes remarquables soit muni d'une multitude de petits tiroirs, contenant chacun divers types d'information. Les tiroirs s'ouvrent par catégorie, et plusieurs le font souvent simultanément. Le résultat ressemble aux symptômes du TAD ou du TADH, car l'enfant ne semble pas suivre de direction identifiable, il passe d'une chose à l'autre, en général à un rythme impressionnant. Lorsqu'ils réfléchissent, les enfants du présent sont capables de sauter d'un sujet à un autre, ils captent et enregistrent des données pour usage ultérieur ou jusqu'à ce qu'ils aient assez d'éléments pour que l'ensemble commence à prendre un sens.

En raison de ce schéma de pensée inédit et de leurs aptitudes d'apprentissage amplifiées, les enfants du présent, notamment les cristallins et les enfants stellaires, donnent l'impression de souffrir du TAD ou du TADH. La vérité, c'est que ces enfants n'ont pas besoin de réfléchir très longtemps, peut-être pas du tout, car ils ont déjà enregistré de l'information au préalable. Plutôt que de les affubler de ces étiquettes, trouble de l'attention déficitaire et hyperactivité, j'ai choisi de concevoir le TADH comme l'aptitude ultrarapide à passer d'une dimension à l'autre. Leur conscience ne s'encombre pas de systèmes de croyances et de ce fait, les enfants du présent sont par nature libres de laisser leur conscience voyager là où bon leur semble et au moment où ils le choisissent – tout en poursuivant une activité dans la troisième dimension.

Outre l'étiquette « attention déficitaire » dont on les affuble, plusieurs enfants du présent sont également considérés comme hyperactifs. Or, ils ne sont pas surexcités du tout, ce n'est qu'un symptôme de leur expérience. Cette capacité de l'enfant à recueillir et à enregistrer l'information par compartiments lui permet de traiter cette information à la vitesse de la lumière, si bien que souvent, le processus nous échappe. Par la suite, alors que les autres tentent de le rattraper avec leur logique linéaire pesante, l'enfant doué s'ennuie et s'impatiente. Cette impatience, on l'assimile généralement à une inconduite. Il n'y a pas assez pour soutenir l'intérêt de l'enfant, alors celui-ci court autour de la salle de classe, de la maison ou ailleurs. Peu à peu, l'enfant perturbe son entourage.

Ces enfants ne sont pas dysfonctionnels, ils sont tout simplement différents. Pour illustrer cette idée, prenons les ordinateurs. Les générations précédentes sont semblables aux premiers ordinateurs – fonctionnant avec le système d'exploitation DOS. Leurs processeurs ne peuvent effectuer qu'une seule opération d'un programme à la fois, suivant une progression logique, jusqu'à ce que la tâche soit terminée. Ce processus est logique et linéaire, il applique une ligne du langage de programmation à la fois. En revanche, les enfants du présent fonctionnent plutôt à la façon des superordinateurs – ils sont en mode multitâche, délibérément, et ne perdent jamais le fil de ce qu'ils font. L'information est traitée comme de l'énergie pure, il n'y a pas de délai dans le processus de communication. Ce processus est beaucoup trop rapide pour la parole. La technique d'assimilation des enfants est superluminale –

plus rapide que la vitesse de la lumière. Plusieurs des enfants n'ont pas conscience de leurs différences ; ils fonctionnent simplement conformément à leur constitution. Les professeurs, parents et autres responsables se font une idée fausse de ce fonctionnement en apparence dispersé ; ils supposent qu'il s'agit peut-être d'une difficulté d'apprentissage ou d'un problème quelconque, car l'enfant ne parvient pas à se conformer à la logique linéaire. On s'efforce donc de plier l'enfant aux normes et règles sociales, et ces efforts engendrent un comportement encore plus perturbateur avec le temps. Le système d'éducation publique ne répond pas aux besoins de ces enfants ; on les traite d'« enfants à problèmes ». Pour finir, le jeune développe du ressentiment contre cette société qui ne parvient pas à le comprendre. Il a déjà l'impression d'être un marginal, car sa perception dépasse de loin l'entendement de la plupart des gens.

De ce fait, son image de soi se ternit, des problèmes comportementaux apparaissent, la dépression peut s'installer et la communication se brouille parce qu'après tout, personne n'a pu l'entendre de toute manière. Des réactions négatives s'ensuivront – tout cela parce qu'on n'a pas reconnu l'enfant doué ou qu'on l'a découragé.

Plutôt que d'apprécier leurs différences, nous leur prescrivons des médicaments pour compenser la dépression et l'hyperactivité, améliorer leur humeur ou les calmer. Les médicaments tranquillisent les petits qui sont plus faciles à maîtriser ; ils semblent même porter attention. Mais sur les plans émotionnel, spirituel et évolutif, ils sont diminués. Comme si la société avait décidé que ces enfants sont des trains emballés et que la seule manière d'en venir à bout, c'est de construire un mur de brique sur les rails avec des drogues. Lorsque le train percutera le mur, il sera détruit – comme ces enfants à qui l'on administre des médicaments pour qu'ils se conforment à de vieux modèles sociaux. Quand ces enfants sont sous médication, les voies vers la conscience supérieure sont généralement bouchées. Ils passent alors d'un enthousiasme pour la vie en général à une apathie existentielle. Sous médication, ils exigent moins d'attention – ils sont plus calmes et faciles à contrôler. Mais qu'a-t-on vraiment résolu ?

Quelqu'un a réussi à se rendre maître de la situation. Le contrôle, ce vieux paradigme selon lequel une ou plusieurs personnes devraient être aux commandes en tout temps n'est qu'une perception de l'ego qui n'a rien à voir avec la réalité. La notion de contrôle veut qu'une personne distincte des autres décide de leur imposer ses expériences et ses perceptions. Si une personne prétend être aux commandes, la situation tourne alors autour d'elle uniquement. Ce que cet être contrôlant désire, selon son cadre de référence propre, ne correspond pas forcément au bien des personnes qu'il contrôle. Le contrôle, c'est une impression de pouvoir.

L'une des plus grandes vérités que connaissent assurément les enfants du présent, c'est que nous ne faisons tous qu'un. Nous sommes parties d'un tout qui est plus vaste que chacun de nous pris individuellement. Lorsque nous nous concevons comme distincts, en termes de catégorie ou autrement, nous nous éloignons de cette vérité ; les enfants du présent le savent bien. Si un enfant connaît la vérité en son âme et conscience, et que les adultes ou d'autres jeunes exigent de lui qu'il aille à l'encontre de cette vérité, l'enfant doit trahir l'être remarquable qu'il est. Essentiellement, on lui demande de mentir et de concéder qu'il est effectivement séparé du tout. Cela va à l'encontre de tout ce que l'enfant tient comme vrai et, parce que sa connaissance est profonde, cette séparation du tout est littéralement douloureuse jusqu'à l'âme.

À mon sens, les déficits de ces enfants spécifiques ne se situent pas sur le plan de l'attention, des facultés cognitives ou des aptitudes sociales ; leurs lacunes sont sociétales. La société ne tient pas compte de cette évolution accélérée de l'humanité – c'est elle qui témoigne d'un déficit d'attention envers ces enfants, qui ne fournit pas d'environnement éducatif ni de structures pour le soutien des familles, et qui refuse d'entendre ce que les enfants ont à dire. Notre société, comme maintes autres, a besoin d'un bouc émissaire à qui elle peut faire porter le blâme de son incompétence ; certains sont même persécutés parce qu'ils font quelque chose qui sort de l'ordinaire ou encore parce qu'ils ne font rien. Notre société doit percevoir autrement les enfants du présent, sinon un nombre croissant d'enfants seront marginalisés, alors qu'ils auraient pu produire un formidable changement en ce monde.

# *Chapitre 3*

# Les sphères de conscience énergétiques !

*Déployer notre conscience sous forme de perfection géométrique nous permet d'être sans limites dans l'espace et sans contraintes dans le temps. À travailler ainsi au sein du même concept à partir duquel tout est créé, il est impossible de se tromper.*

La sphère salamandre

## Que sont les sphères au juste ?

Les sphères sont des champs d'énergie de forme sphérique qui apparaissent fréquemment sur des photos ou des vidéos. Elles ont l'air de bulles parfaitement rondes, mais ne sont pas creuses à l'intérieur. Les sphères semblent se mouvoir d'elles-mêmes ; à l'œil nu ou à la caméra, on dirait des sphères irisées ornées de motifs intérieurs complexes et variés. Les opinions divergent quant à leur origine, car les sphères ne proviennent pas toutes du même endroit. Une sphère est, à vrai dire, une méthode de communication capable de franchir le temps, l'espace, les dimensions et même les frontières intergalactiques. Certaines personnes peuvent les voir ou les sentir.

Les sceptiques diront que les sphères ne sont rien d'autre que des particules de poussière dans l'air. Néanmoins, les sphères ne sont pas toutes de la poussière. Au fil des ans, une voix est fréquemment venue interrompre mes activités, une voix qui semble provenir de nulle part, et me dit d'aller chercher l'appareil photo, de sortir ou de me retourner ; chaque fois que j'ai suivi ces indications, j'ai réussi à photographier une sphère ! Sur bon nombre de ces clichés, on voit que les sphères se déplacent, car il y a une « queue » ou un sillage d'énergie derrière elles. On dirait de petites comètes qui traversent le champ photographique. Parfois, le

*Figure 3. Photo de sphères sur une grille cristalline.*
*Offerte par Mikael Koch.*

monde des esprits dévoile sa présence sous forme de sphère ou d'anomalie apparaissant sur les photographies. J'ai pris des photos de sphères dans des endroits qui ont la réputation d'être hantés, et ces photographies ont été présentées lors de reportages sur ces lieux. Au fil des ans, j'ai rencontré plusieurs personnes capables d'appeler les sphères pour qu'elles se montrent sur les clichés. Les photos témoins prises avant l'invocation ne montrent rien, mais après avoir été priées de se révéler, les sphères se manifestent joyeusement dans la série de photos subséquente.

La signification véritable des sphères m'a toujours fascinée. Après tout, si l'on considère le sujet sous un angle métaphysique, on peut lui attribuer une multitude de sens et un potentiel illimité. Récemment, j'ai découvert que l'explication à ce phénomène est beaucoup plus qu'une singularité photographique : les sphères incarnent une conscience. Est-ce possible ? Bien sûr !

## Voyage vers la découverte

La meilleure manière de décrire cette étonnante découverte, c'est de vous raconter comment cela m'est arrivée. J'ai quand même l'habitude des expériences insolites. Au tout début de mon processus d'éveil, j'ai pris conscience de mon système d'énergie, et ma perception de la réalité s'est transformée radicalement. J'ai mesuré l'ampleur de divers types d'énergie dans d'autres dimensions de réalité. Chaque matin, je m'accordais du temps pour explorer ces merveilleuses découvertes. J'ai acquis la capacité de voir l'énergie et, avec le temps, j'ai appris à manipuler les énergies subtiles par le mouvement et la musique. Comme je m'y adonnais souvent, mon aptitude à percevoir une réalité plus vaste s'est développée. Je me suis mise à vivre des expériences que personne dans mon entourage ne pouvait expliquer ; c'était déroutant.

Chaque matin en travaillant avec l'énergie, je sollicitais à voix haute l'aide des êtres qui, dans l'univers, appartiennent à la lumière et qui seraient capables de me guider. « Montrez-moi, » disais-je. Un beau matin, en me livrant à ma routine quotidienne, alors que je demandais encore une fois des conseils, un maître lumineux s'est matérialisé devant moi. Il se tenait dans mon salon, hologramme vivant et rayonnant d'un éclat sublime ! Très grand, il était vêtu de robes écarlates et ses cheveux longs flottaient autour de lui. Il brillait d'une lumière à la fois douce et intense. Cet événement provoqua sans nul doute une altération immédiate et irrévocable de la réalité du présent auteur ! Le maître m'enseigna des usages de l'énergie auxquels je n'avais jamais songé et, pour finir, m'indiqua la manière de manipuler l'énergie pour guérir, pour manifester une réalité plus vaste et même, pour apprendre. Par la suite, divers maîtres vinrent me donner des enseignements à propos de sujets aussi divers que le concept universel, les sciences, la guérison, etc. Même aujourd'hui, les maîtres me guident presque à chaque instant. C'est un peu comme d'être en tout temps WIFI et en ligne, et de recevoir des idées dans ma tête à propos de n'importe quel sujet. C'est étrange, je sais, mais c'est bien réel. Et une bonne partie de ce que ces maîtres m'ont dit a été confirmée scientifiquement, longtemps après que j'eus reçu l'information.

Le parcours a été magnifique ; j'ai appris à faire confiance, à m'ouvrir à l'inattendu et à croire que chaque instant est parfait, peu importe ce qui se passe. Si j'y parviens, ma vie prend une tournure formidablement positive, et je suis portée par une dynamique beaucoup plus immense que ma petite personne. C'est pourquoi mon travail m'a emmenée en plusieurs lieux sur cette Terre pour me faire rencontrer des milliers de personnes et discuter avec elles. Immanquablement, chaque rencontre m'enseigne quelque chose de neuf. En lâchant prise sur cette mainmise imaginaire et en faisant véritablement confiance à l'instant présent, on permet aux choses les plus extraordinaires de se produire. La synchronicité se manifeste dans notre vie. Les obstacles s'amenuisent et disparaissent ; les événements extraordinaires s'enchaînent. La vie devient comme un ballet infiniment chorégraphié. Il n'y a pas de coïncidences, seulement des occasions.

Les maîtres m'accordent souvent des connaissances scientifiques que je ne suis pas en mesure de saisir. En règle générale, j'ai une bonne idée de ce à quoi ils font référence, mais quelquefois, leurs explications comportent des données complexes et je n'ai pas l'instruction requise pour comprendre. Normalement, j'essaie de passer ce type de connaissances à quelqu'un qui est capable d'en faire quelque chose de valable. Je dis souvent en blaguant que la personne qu'il me faut se pointe tôt ou tard dans mon salon ! Les gens les plus exceptionnels se sont présentés au moment opportun, nantis des antécédents ou des connexions nécessaires pour ce que j'avais à partager alors. Lorsque j'ai eu besoin d'information dans le domaine de la génétique, par exemple, une généticienne a pris rendez-vous avec moi ; elle est venue sans trop savoir pourquoi. Mais nous avons bientôt découvert la raison de sa venue. Au fil de la conversation, j'ai commencé à lui transmettre de l'information que j'avais reçue sur les altérations dans la communication des brins de l'ADN humain. Elle fut étonnée d'entendre ce que les maîtres m'avaient révélé, parce que les scientifiques venaient de découvrir le phénomène une semaine auparavant. Pour ma part, j'étais en possession de ces connaissances depuis deux ou trois ans déjà. J'ai eu grand plaisir à partager avec elle les découvertes suivantes. Avec le temps, nous sommes devenues de grandes amies. À une autre occasion, lorsque je cherchais des renseignements sur des aspects spécifiques de l'énergie nucléaire, un ingénieur nucléaire a pris rendez-vous, et j'ai pu lui faire part de mes connaissances.

(Subséquemment, nous nous sommes mariés. D'une pierre deux coups !) Des spécialistes de l'aérospatiale sont passés, des biologistes, pathologistes, naturopathes, homéopathes, acupuncteurs, producteurs de cinéma – ils sont venus à moi et continueront de venir à moi parce que j'ai la foi. Je suis ouverte à des réalités plus vastes.

Au fil des dernières années, j'ai reçu sous diverses formes de l'information détaillée au sujet des enfants du présent. J'ai travaillé avec une multitude d'enfants et avec leur famille, et j'ai découvert que toute cette information correspondait aux faits ; les enfants eux-mêmes le confirment.

L'an dernier en particulier les découvertes et les expériences extraordinaires se sont succédées ; je ne les comprenais pas alors, mais aujourd'hui, je sais. James Twyman a apporté une importante contribution à notre monde lorsqu'il a découvert que les enfants indigos communiquent par télépathie le long des lignes universelles de la grille. Les indigos communiquent ainsi entre eux et avec d'autres personnes qui sont « branchées », depuis n'importe où et à n'importe quel moment. Ils sont vraiment incroyables ! Twyman a ensuite rencontré plusieurs des enfants qui s'étaient mis à lui parler télépathiquement ; et il a très bien réussi à exposer ce phénomène au monde. Parallèlement, certains des enfants du présent communiquent d'une manière tout aussi extraordinaire et tout aussi tangible. J'en suis venue à cette révélation capitale grâce à une suite de circonstances fortuites.

Au cours de l'été 2005, je m'étais engagée à donner une allocution pour une exposition, à Spokane, dans le Washington. Depuis plusieurs années, j'ai été présentatrice ; d'habitude, mes ateliers suscitent l'intérêt du public. À une occasion en particulier, plusieurs mois avant l'exposition, les maîtres m'ont incitée à parler des enfants. J'hésitais un peu, parce que, après tout, je ne me suis jamais considérée comme une experte en la matière. J'ai travaillé avec plusieurs familles, mais je ne croyais pas détenir suffisamment d'éléments organisés, solides ou démontrables pour offrir une présentation publique appropriée. Les maîtres se montraient pourtant inflexibles.

Dans ma tête, j'entendais encore et encore : « Parle des enfants ! » Ils ne renonçaient pas. (Lorsque les maîtres veulent que je fasse quelque chose, ils ne lâchent pas prise jusqu'à ce que je consente. Pour tout dire, c'est un peu agaçant parfois. J'ai appris que lorsqu'ils sont persistants, je dois prêter attention, même si ce qu'ils affirment dépasse mon expérience ou ma logique.) Normalement, si les maîtres insistent à ce point, ma vie prend une allure métaphysique. Je comprends mieux, je reçois des idées novatrices, je bénéficie de connexions plus importantes et on m'offre de nouvelles occasions d'enseigner – toutes sortes de choses positives arrivent. Inutile de résister, car je me retrouve à accomplir exactement ce qu'ils veulent de toute manière, et c'est toujours parfait. J'ai fini par accepter.

On a annoncé ma conférence sur les enfants, et la réaction générale a été excellente, en termes de ventes de billets et de personnes venues pour m'offrir leur histoire à l'exposition. Une foule de gens sont venus à mon stand et m'ont accostée dans les allées pour me raconter leur histoire, me poser des questions et me soumettre leurs inquiétudes à propos de cas particuliers. J'ai alors constaté que les gens avaient grand besoin d'en connaître davantage au sujet des enfants du présent, et j'ai compris pourquoi les maîtres avaient tant insisté. Le matin avant ma conférence, une femme prénommée Julie s'est arrêtée à mon stand pour discuter avec moi. Elle tenait dans ses mains un album de photos qu'elle avait hâte de me montrer. Julie se mit à relater son histoire. Infirmière et intuitive médicale, elle vivait dans une petite communauté du Montana.

Tout comme moi, médecins, avocats, professionnels en tous genres, enfants et familles la consultaient régulièrement sur son travail avec certains types d'enfants. Julie avait quelques anecdotes fantastiques à raconter au sujet des enfants avec qui elle travaillait et comment elle les avait découverts – ou plutôt, comment ils l'avaient découverte ! Julie captait des « messages ». (Je comprends tout à fait !) De nulle part, Julie entendait quelque chose comme : « Monte dans ta voiture et roule ! » Elle s'exécutait, sans avoir la moindre idée de l'endroit où elle allait. Quant elle parvenait à destination, on lui faisait savoir. Lorsqu'elle se présentait à la porte et frappait, la porte s'ouvrait et Julie demandait, sans hésitation : « Y a-t-il un enfant ici ? » Et invariablement, un enfant habitait là !

Les enfants appelaient Julie par télépathie. En général, ces jeunes souffraient de sérieux handicaps physiques. Ils ne pouvaient pas parler, quelques-uns étaient sourds ou aveugles ; alors ils communiquaient avec elle par l'esprit. Autrement dit, ils établissaient une communication silencieuse par la conscience. Un jour, elle se rendit à un domicile où, dès son arrivée, un petit garçon lui raconta avec jubilation (par télépathie et à l'aide du langage des signes) tout ce qu'elle avait fait ce jour-là. Il savait en détail tout ce qu'elle avait fait, vécu et ressenti toute la journée !

Au cours de ces visites, Julie apprenait souvent qu'un enfant devait être institutionnalisé en raison de la gravité de son invalidité et des soins spécialisés qu'il requerrait. Julie demandait généralement à la famille ou aux responsables s'ils l'autorisaient à travailler avec l'enfant. En général, la réponse était affirmative, parce que la famille avait désespérément besoin d'aide.

Après avoir relaté ces anecdotes, Julie a ouvert son album pour me montrer les photos des enfants. Pour la plupart, ces gamins avaient l'air tout à fait normaux. Ce furent plutôt les anomalies dans les photographies qui attirèrent mon attention : ces jeunes semblaient entourés de champs d'énergie visibles. On voyait des sphères colorées parfois dotées de schémas géométriques sacrés ou de représentations de formules mathématiques comme la série de Mandelbroot. Julie avait remarqué ces singularités dans les photographies et s'était demandé si les sphères apparentes provenaient d'un problème de l'appareil photo ou de quelque chose dans l'air. Elle avait l'impression qu'il se passait quelque chose d'important et s'était donc mise à expérimenter avec toutes sortes de d'appareils photo – numérique, 35mm et jetable, tout ce qu'elle avait sous la main, mais les résultats étaient invariablement les mêmes : des sphères dotées de motifs géométriques et de couleurs vives se glissaient dans les clichés. En revanche, ceux-ci étaient beaucoup plus complexes que les photographies de sphères « habituelles ». Lorsqu'elle a interrogé les enfants sur ce qu'elle voyait dans les photos, ils lui avouèrent qu'ils avaient sciemment produit ces phénomènes étranges !

Les sphères sont donc des projections intentionnelles de la conscience. Cette découverte m'a comblée de joie. Je m'en doutais depuis des années, mais je n'avais pu confirmer cette théorie jusqu'alors.

Chaque photographie montrait des sphères caractéristiques, propres à l'enfant sur la photo, peu importe l'endroit ou le moment où le cliché avait été pris. Dans sa complexité, chaque sphère constituait une représentation énergétique identifiable de cet enfant ; ces singularités apparaissaient partout dans sa collection de clichés. On les voyait sur des photos prises un peu partout où les enfants et leurs parents étaient occupés à des activités différentes. Les jeunes avaient délibérément exprimé leur signature énergétique. Mais il y avait encore autre chose. Une fois les dernières photos prises, Julie et ses amis se sont livrés à d'autres expériences. Un jour, ils ont emmené deux garçons (qui communiquaient l'un avec l'autre par télépathie) à différents événements sportifs dans des secteurs opposés de la ville. Au même moment, on a pris des photos de chaque garçon à l'événement respectif auquel il assistait. Les photographies des deux enfants présentaient exactement les mêmes séries de sphères, dont la face interne comportait des motifs complexes identiques. Les garçons avaient mêlé leurs fréquences harmoniques pour faire passer un message visuel. Ce n'était pas une coïncidence. J'étais complètement abasourdie.

J'ai demandé à Julie de présenter ces photos pendant ma conférence, car j'étais d'avis qu'elles éclairaient le mystère de ces enfants d'un jour nouveau. Je soupçonnais que cette énigme n'était pas entièrement résolue, toutefois, je n'arrivais pas à l'époque à saisir précisément l'élément manquant.

Vint le jour où je devais donner ma conférence. La présentation devait durer deux heures. Comment allais-je occuper ce temps ? Est-ce que j'en savais assez, grâce à mes rencontres et à mes conversations avec les enfants et ceux qui en prennent soin, pour intéresser le public ? Eh bien, la conférence s'est merveilleusement bien déroulée et j'ai compris que mes expériences apportaient des trésors de connaissances que je ne soupçonnais pas.

Après avoir donné une explication générale sur les traits des divers types d'enfants, j'ai lancé une discussion ouverte pour que les gens puissent poser leurs questions, passer leurs commentaires et partager leurs expériences personnelles. Ils étaient heureux d'avoir l'occasion d'exposer leurs questions et leurs préoccupations sur des jeunes de leur entourage ou de leur famille ; j'étais étonnée de leur réceptivité. Le temps fila sans qu'on s'en aperçoive, et quand la période fut terminée, nous avons poursuivi la discussion dans le hall d'entrée pendant un bon moment. La prochaine fois, je saurai. Mais la destinée me réservait encore quelques surprises.

Le lendemain matin, je me suis réveillée avec une sensation étrange. Je me suis mise à enfiler mes vêtements mais voilà que je perdais l'équilibre et que je penchais vers la droite. J'ai fermé les yeux pour découvrir la cause de cette instabilité. J'ai examiné mes champs d'énergie et, à mon grand étonnement, j'y ai découvert une sphère d'un turquoise vif qui flottait ! Celle-ci s'était incrustée dans mon champ énergétique du côté droit de mon corps, juste au-dessous de mon épaule. Elle était d'une intensité si vive qu'elle donnait une impression de lourdeur par rapport à mon propre champ énergétique. Je n'avais pas la moindre idée de ce qui se passait mais j'allais bientôt le découvrir.

À la fin du jour, il y avait quatre sphères de différentes couleurs logées dans mon champ énergétique, toutes du côté droit. L'une était turquoise, la seconde, saumon, la troisième était dorée et la dernière, d'un vert pâle. Je ne pouvais tout simplement pas me mettre debout à cause du poids de l'énergie des sphères. Inutile de dire que c'était fort déconcertant. Mais comme j'avais l'habitude de phénomènes inusités, je n'ai pas cherché à empêcher quoi que ce soit.

Ce jour-là, j'ai été assaillie de toutes parts, mais chaque fois que j'en ai eu l'occasion, j'ai tenté de maintenir mon équilibre. Les sphères sont restées toute la journée ; je me suis donc mise à m'adapter à l'intensité de cette énergie supplémentaire dans mon champ énergétique. Lentement mais sûrement, ma posture s'est redressée. Lorsque j'aperçus brièvement Julie ce jour-là, je lui ai confié ce qui se passait. Elle a éclaté de rire et a déclaré que j'avais été « initiée ».

De toute évidence, après avoir vu les photos des enfants, plusieurs personnes prennent conscience des sphères. Par ailleurs, elle n'avait pas d'autre explication. J'aurais souhaité bavarder davantage avec elle, mais je n'ai plus jamais revu Julie. Je savais que cela dépassait la simple intuition. J'étais fascinée et intriguée, donc je me suis contentée d'observer et d'attendre.

De Spokane, j'ai pris l'avion jusqu'à Sedona, en Arizona, pour donner un séminaire durant la fin de semaine. Avant le début du séminaire, je disposais d'un jour ou deux pour me régénérer. Du fait que j'étais arrivée avant les autres présentateurs, j'ai pu bénéficier d'une solitude dont j'avais sérieusement besoin.

Au cours de ces deux journées, d'autres sphères sont apparues à ma conscience et se sont attachées à mon champ énergétique. J'ai constaté que je recueillais une diversité de couleurs et de formes. C'était une expérience nouvelle, et il me fallut quelque temps pour comprendre qu'il valait mieux rester tranquille et m'ouvrir au phénomène. Pendant ce temps, j'ai réalisé que j'avais fait monter des autostoppeurs à bord !

Chaque sphère portait la conscience d'un enfant différent. Et ils s'adressaient à moi. Incroyable ! C'était encore un de ces moments dans la vie où tout ce que j'avais cru jusqu'alors changeait.

Comme lorsque les maîtres sont d'abord apparus, j'ai gardé les pieds sur terre. Étais-je en train de perdre la boule ? Certainement pas. C'était bien réel. Je dois admettre que j'étais sidérée par les conséquences logiques de l'expérience. Bien que je sois habituée à l'insolite, c'était un événement tout à fait nouveau. Sur un coup de tête, j'ai tenté de communiquer télépathiquement avec les enfants. Je me sentais vaguement ridicule, là au beau milieu de l'Arizona, à adresser des propos à des énergies dans mon champ subtil. Mais voilà, les sphères se sont mises à me répondre. Stupéfiant ! Des choses extraordinaires se sont alors produites. Des consciences appartenant à différents enfants se mirent à s'assembler dans mon champ énergétique, et en outre, des enfants en chair et en os se rassemblèrent aussi autour de moi. À chaque vol pour le restant de ma tournée d'été (et il y en eut plusieurs), je me suis retrouvée assise à côté, même au beau milieu, d'enfants de tous âges. J'étais assaillie par des classes entières, des orchestres, des équipes de sport et plusieurs autres groupes, qui voyageaient tous pour différentes raisons. Et le phénomène se reproduisait dans les aéroports, les restaurants, pratiquement dans n'importe quel lieu public où j'allais. Ce n'était pas une coïncidence.

À cette époque, je me suis entretenue avec des enfants sur les thèmes les plus variés. À mon sens, les expériences se déployaient comme par magie – et je savais que ce n'était que le commencement.

Au début de 2006, j'ai produit un film documentaire sur les enfants du présent, qui devait se fonder sur le présent livre. Je voulais partager quelques-uns des magnifiques messages qu'apportent en ce monde nos enfants si spéciaux. Un peu avant d'entreprendre ma tournée d'été, j'ai rencontré Michael Shea, qui produisait un film sur ce qui se passe entre deux vies. Michael m'avait embauchée comme conseillère personnelle pour les effets spéciaux, en raison de mes perceptions multidimensionnelles. Alors que j'étais à Sedona, j'ai eu une longue conversation téléphonique avec Michael. Nous préparions les activités précédant le tournage du film. Au cours de cette conversation, j'ai mentionné à Michael les sphères d'enfants, qui désormais s'étaient mises à me parler, et lui ai proposé mon idée de film sur les enfants. Michael accueillit le récit de mes expériences avec enthousiasme. Il demanda : « Pourquoi ne pas inscrire ton film dans le mien ? » J'étais ravie. Je souhaitais sincèrement permettre aux gens d'apercevoir ce qui se cache derrière le voile d'illusion du quotidien et je voulais aussi démontrer que ces enfants terriblement fragiles et extraordinaires n'obtiennent pas ce dont ils ont besoin. Et voilà que l'occasion se présentait. « D'accord », ai-je répondu sans hésiter. Bref, je suis devenue co-auteur du scénario, avec Michael. Nous prévoyons même une suite.

Les enfants influent sur le cours de mon existence et participent à l'écriture du scénario. Après ma conversation téléphonique avec Michael, j'ai communiqué télépathiquement avec les sphères, ces enfants qui voltigeaient autour de moi. Ils étaient naturellement au courant de l'échange téléphonique avec Michael. Je leur ai demandé s'ils souhaitaient collaborer au scénario. (Je n'avais pas encore réalisé que c'était l'une des raisons pour lesquelles ils s'étaient attachés à moi !)

Par la suite, installée devant mon ordinateur, j'ai dit aux enfants... aux sphères que c'était le moment opportun pour communiquer parce que je pouvais leur accorder toute mon attention et taper leurs messages pour m'en souvenir clairement. Je voulais être en mesure de prendre des notes et d'enregistrer leurs messages. J'ai demandé à ces sphères de conscience, de me dire ce qu'ils voulaient que j'écrive dans le livre et ce qui devait paraître dans le film. Ils expliquèrent leur conception du monde et firent des observations sur celui-ci et l'au-delà. Ils me dévoilèrent également des myriades de scènes magiques, que j'ai subséquemment insérées dans le scénario. Au fil de la rédaction, je leur ai posé des questions sur l'humanité et d'autres races. Voici quelques-uns de leurs propos :

## À propos de la vie sur terre :

*Je me souviens de ce que c'était avant de venir ici. Personne ne mentait ou ne se faisait blesser. Rien sur Terre n'a l'importance qu'on lui accorde généralement. Il ne s'agit que de petites choses. L'éternité, voilà ce qui compte. Pourquoi les gens ne se rappellent-ils pas l'époque où tout était parfait ? Les choses sont toujours parfaites, vous savez.*

## À propos des relations

*J'aimerais que les gens puissent voir ce qu'ils se font vraiment les uns aux autres. Peut-être apprendraient-ils à mieux se traiter entre eux. Être l'amour, c'est tout à fait différent de penser à l'amour. Voilà pourquoi tant de gens semblent malheureux. C'est qu'ils ne se souviennent pas de qui ils sont vraiment…*

## À propos du temps

*Réfléchissez à ceci : Si hier c'était maintenant, et si demain c'était maintenant aussi ? Est-ce que cela ne signifierait-il pas que maintenant, c'est toujours ? C'est ainsi, vous savez.*

## À propos de la liberté du soi

*La nuit dernière, j'ai cru avoir rêvé que je pouvais voler, mais je me suis aperçu que ce n'était pas un rêve du tout et que je pouvais réellement voler.*

Lorsque votre réalité se transforme aussi radicalement, il est excellent de faire appel au discernement et de vous accorder ce que j'appelle une petite vérification. Je m'y livre souvent parce que, en ce qui me concerne, la réalité tend à changer fréquemment ! J'ai donc dit à mes petits copains sphères que leurs formes sphériques étaient fantastiques et que j'aimerais beaucoup les rencontrer dans leur forme terrestre s'ils étaient vraiment ici. J'ignorais ce qui allait se passer !

## William

Peu après avoir lancé ma requête de rencontrer les enfants connectés aux sphères, j'avais un rendez-vous pour une lecture intuitive avec une cliente que je ne connaissais pas. Des personnes prennent souvent rendez-vous par courriel, par le biais de mon bulletin mensuel « messages en ligne ». D'habitude, nous ne nous sommes jamais rencontrés et n'avons pas non plus discuté au téléphone avant la séance. À l'heure dite, le téléphone sonna et une femme délicieuse était au bout du fil. Elle commença par s'excuser. Elle expliqua que la séance n'était pas vraiment pour elle, mais pour son fils de onze ans, muet et affligé d'autres problèmes physiques. Le rendez-vous avait été pris à sa requête.

Lorsqu'elle commença à me parler de William, un bavardage surgit de mon champ énergétique. Les sphères paraissaient tout excitées ; je n'ai pu retenir un éclat de rire. « Je me demande, » confiai-je à cette maman (sans autre explication), « si William ne serait pas l'un des enfants qui me parlent. » Elle aussi se mit à rire. Elle m'avoua qu'elle s'était demandé si j'en parlerais, car son fils lui avait dit que nous étions en communication depuis peu. Incroyable ! Je l'avais bien cherché, n'est-ce pas ? Ce rendez-vous fut le début d'une amitié fascinante et touchante entre William, sa mère et moi ; elle persiste à ce jour.

Après notre séance, j'ai eu la présence d'esprit d'interroger les sphères qui flottaient encore dans mon champ énergétique : « Lequel d'entre vous est William ? » Il m'a signalé qu'il était la sphère couleur saumon, juste au-dessus de ma tête.

La destinée avait pris une allure encore plus bizarre, mais la situation commençait toutefois à s'éclairer. Depuis notre rencontre fatidique, William et moi avons passé des instants très spéciaux, que je relaterai au chapitre 9. Au début, j'ai choisi de divulguer le phénomène des sphères à quelques personnes choisies, pour les ouvrir à cette idée. Mais elles se sont mises à en faire l'expérience aussi !

## Dillon

Mon amie Pam, une intuitive médicale fort douée, guérisseuse et chamane, avait été convoquée pour travailler avec un petit garçon qui était tombé malade à la suite de l'ouragan Katrina dans le golfe du Mexique. Appelons-le Dillon. Le petit est tombé gravement malade après être rentré dans son quartier dévasté par l'ouragan. Lui et plusieurs membres de sa famille étaient retournés dans la région pour aider d'autres personnes et pour vérifier l'état de leur maison en ruine. La famille avait pataugé dans les eaux contaminées de l'inondation et était tombée sur l'horreur de cadavres flottants ici et là.

Environ une semaine après leur expédition du retour dans leur quartier ravagé, Dillon tomba gravement malade. Sa température monta à 42 °C. On l'hospitalisa rapidement, mais son état continuait de se détériorer, et les tests médicaux ne parvenaient pas à déterminer la cause de son mal. C'est alors que l'un des ses professeurs fit appel à Pam. Dillon était en excellente santé avant la tempête, sa maladie restait un mystère pour ceux qui s'occupaient de lui. Il sombra bientôt dans un coma et fut dès lors incapable de communiquer normalement.

Pam établit un contact télépathique avec Dillon, et celui-ci répondit. (Jusqu'alors, je m'étais contentée de révéler à Pam que j'avais des sphères dans mon champ énergétique, sans mentionner ce qu'elles étaient.) Pam prit conscience des sphères dans son champ énergétique, juste devant son front. Comme Dillon parlait avec elle, elle s'enquit intuitivement pour savoir s'il était l'une des quatre sphères qu'elle percevait. Bien sûr que si ! Elle lui demanda de quelle manière ils communiquaient, et il lui expliqua qu'en communiquant avec le cœur, vous vous autorisez à recevoir aussi des communications. Au fond, en communiquant par l'amour, nous ouvrons toutes les portes qui, quand elles sont closes, font obstacle au soi intuitif. Dillon expliqua que la seule raison pourquoi les enfants sont capables de voyager et de communiquer ainsi, c'est qu'ils sont suffisamment purs. Ils sont encore innocents et n'ont pas dressé de défenses, comme les adultes. Il souligna que le déplacement sous forme de sphère lumineuse permet à leur conscience de voyager même sur les voies les plus étroites, partout dans la création, en toute sûreté et sans s'égarer.

Dillon précisa qu'il se sentait mal à l'aise dans son corps parce qu'il ne pouvait s'étendre et se contracter comme il le faisait dans son état naturel de corps énergétique, avant de venir sur Terre. Il confia à Pam que vivre ici-bas relève toujours d'un choix, et que l'on peut décider d'en faire l'expérience ou non. Dillon indiqua qu'il avait choisi de ne pas poursuivre son expérience terrestre, car il n'évoluait pas dans son apprentissage, en tant qu'âme, aussi rapidement qu'il l'aurait souhaité et parce qu'il préférait apprendre et enseigner depuis « là-haut ».

Le thérapeute ne peut se permettre de trop s'engager avec un client sur le plan émotionnel, car cela peut donner un résultat malencontreux. S'il est souhaitable de ressentir une compassion sincère, il faut cependant bien veiller à ne pas franchir cette limite affective, de crainte que le thérapeute ne devienne trop vulnérable et n'entache la pureté de la guérison. Lorsqu'on travaille avec les enfants, il est parfois difficile de rester neutre.

Pam s'attacha rapidement à Dillon, même si elle savait que, d'un point de vue professionnel, ce n'était pas une bonne idée. Inquiète, elle demanda à Dillon pourquoi elle était incapable de conserver un détachement émotionnel. L'explication donnée par l'enfant fut un magnifique enseignement pour Pam : « Jusqu'à maintenant, dit Dillon, vous ne saisissiez pas la portée du travail que vous accomplissez. Vous entretenez un attachement intellectuel qui est faussé. Il faut vous libérer du besoin d'obtenir des résultats. La vibration authentique provient du cœur ; il s'agit d'une nuance très subtile. Vous apprenez aujourd'hui la différence. » Dillon n'a jamais repris conscience et peu de temps après, il est mort. Au cours de sa transition, il parla à Pam. Celle-ci s'enquit de son départ et Dillon répondit : « Les effets de la conscience collective actuelle des peuples sur Terre vont à l'encontre des lois de l'univers, de l'ensemble de la création. La conscience collective repose désormais sur les émotions. Celles-ci n'ont rien à voir avec la création ou la destruction, sauf quand vous utilisez la passion pour alimenter votre intention de manifester une réalité. Un bon exemple, c'est la prière. Si vous priez avec tout votre cœur et toute votre âme, vos prières sont exaucées. Il ne s'agit pas ici d'émotion. C'est une création à partir de l'amour pur. Avec les émotions, vous ne pouvez garder l'énergie de la vibration supérieure parce que vous n'êtes pas dans la vérité. Tout ce qui est terrestre doit atteindre un état heureux. Vous faites de l'exercice physique, et de la même façon, il faut entraîner votre nature divine.

Pam était sidérée. Elle dit à Dillon : « Tu es vraiment formidable ! »

Il répondit : « Il y a en vous un niveau de conscience qui transcende les émotions et qui relève des fréquences lumineuses, mais votre éducation fait que vous le négligez. Il faut établir un équilibre. Voilà qui vous permettra de modifier la résonance externe émanant de votre glande pinéale, le début de la rivière de vie. »

Pam demanda : « Pourquoi moi, alors qu'il y a tant d'autres personnes à qui tu aurais pu parler ? »

Dillon répondit : « Pam, lorsque vous avez cherché à comprendre ce qui vous arrivait, vous avez crié votre nom à l'univers. Vous avez cru appeler Dieu, mais nous sommes tous Dieu.

Plusieurs d'entre vous êtes désormais capables de nous entendre. Il faut que vous écoutiez bien parce que nous sommes en mesure de vous aider. Ces personnes qui, dans votre monde, s'éveillent aujourd'hui, commencent à se rappeler qui elles sont ; elles n'ont besoin que de se souvenir. Cessez de vous apitoyer et ne pleurez pas pour moi ; faites plutôt la fête ! Travaillez avec mes parents. C'est eux qui ont besoin de vous maintenant. Regardez directement les sphères qui vous rendent visite. La communication avec elles part de votre lobe frontal. Vous vous êtes ouverte à ces sphères. Il ne s'agit pas d'une modification de l'ADN. Votre signature harmonique actuelle est semblable à l'appel du clairon résonnant de par les univers. En quittant le monde ainsi, j'ai décidé d'influencer une communauté tout entière grâce à ma maladie et à ma mort. Le cours de la destinée de plusieurs personnes sera modifié ; chaque personne concernée aura maintenant le choix quant à ce qu'elle fera de cette expérience. Cela ne touche pas que ma famille mais aussi les amis, les voisins et la communauté tout entière. Regardez par exemple comment notre rencontre vous a touchée. »

La communication avec Dillon s'estompa peu à peu, à mesure qu'il s'éloignait vers la destination qu'il avait choisie. Et puis, il disparut.

Comme les enfants viennent de plus en plus à moi et à ceux qui peuvent les entendre, nous tous découvrons qu'il est relativement facile d'établir un contact avec eux. Le processus consiste à envoyer une pensée et à attendre une réponse, et celle-ci est presque invariablement instantanée. Ces enfants font preuve de facultés perceptuelles remarquables, comme s'ils étaient branchés à tout, partout, en tout temps. Des sphères vont et viennent, et quelques-unes demeurent avec chacun de nous. Elles sont bien résolues à donner une voix à leur message. Plusieurs de ces petits ont fait savoir que l'unique but de leur destinée, c'est de nous aider à nous souvenir de l'amour et de notre nature véritable, et à comprendre que l'être humain est bien davantage que notre humanité.

# *Chapitre 4*

# Les enfants cristallins

*Ce que vous apprenez venant de l'extérieur de vous-même n'a pas d'importance. C'est ce que vous apprenez de l'intérieur qui vous dit la vérité.*

Katie, cristalline, 6 ans

## Qu'est-ce qu'un enfant cristallin ?

Pourquoi désigner certains enfants de cette épithète « cristallin » ? Chaque personne est douée d'un champ d'énergie, à l'intérieur et autour d'elle ; notre champ énergétique se dilate et se contracte au fil des expériences de la vie. Les couleurs de ces champs subtils varient selon notre constitution énergétique, qui à son tour se fonde sur des relations harmoniques. La couleur est fréquence, et la fréquence est douée d'un son. Par les rapports gravitationnels et les schémas d'énergie, ce son s'assemble pour former une configuration unique de relations harmoniques chez chacun de nous. Il n'y a pas deux personnes exactement identiques. Ces relations harmoniques font de nous des êtres uniques dans toute la création. Par contre, dans toute configuration harmonique, chez toute personne, il existe une infinité de combinaisons de fréquences.

Les enfants cristallins présentent des relations harmoniques très différentes. Celles-ci comportent un spectre entier de couleurs. Si vous pouviez percevoir leurs champs d'énergie (moi, je peux !), vous verriez des éventails d'énergie, aux tons chatoyants comme des pierres précieuses ; on dirait de merveilleux arcs-en-ciel aux teintes vives.

Au lieu de se dilater et de se contracter, à l'instar des champs de leurs prédécesseurs, les champs énergétiques des enfants cristallins forment un mouvement de balayage, à la manière de projecteurs qui balaient les cieux nocturnes. Imaginez ce que c'est que de pouvoir scruter les éthers grâce à une série complète de fréquences !

Dans mon livre, *Pyramids of Light : Awakening to Multi-Dimensional Realities* (Spirit Light Resources, 2004), j'observe que l'énergie est lumière, et que la lumière est douée de mémoire. Nous sommes faits d'énergie et, de ce fait, nous sommes lumière. La lumière se dissémine sous forme d'énergie. Chez la plupart d'entre nous, notre énergie, notre lumière se déplace suivant une progression ordonnée – du niveau de fréquence auquel l'énergie est d'abord émise jusqu'au spectre lumineux, selon un mouvement en spirale – jusqu'à ce que l'énergie devienne de l'énergie blanche, ou parfaite. La lumière blanche contient le spectre entier, elle est identique à l'énergie de la Source – l'énergie divine – ou ce qui est perfection.

Le spectre de couleurs possède une structure pyramidale et contient de l'énergie dont le mouvement est en spirale. La fréquence de base de la pyramide – et la partie la plus large de la spirale – est rouge. Cette couleur résonne sur un ton très bas en raison des révolutions longues et lentes de la fréquence. Si nous dilatons de l'énergie depuis la fréquence de base, cette énergie

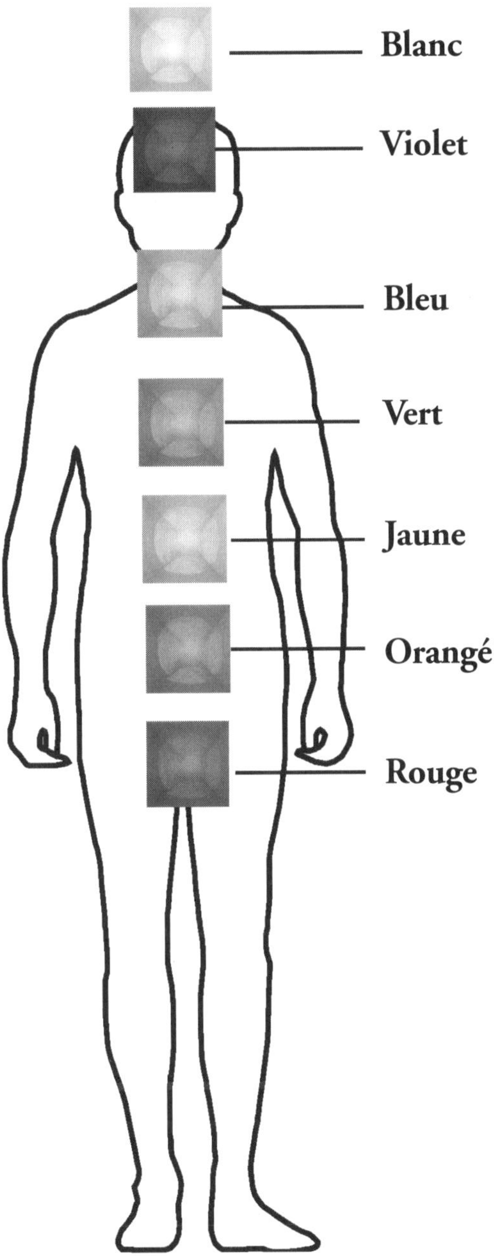


*Figure 4. La position et la fréquence des couleurs du système des chakras sont identiques à l'organisation du spectre de couleurs dans une spirale.*

s'élèvera le long de la spirale à travers tout le spectre de couleurs et adoptera chaque fréquence en cours de route.

L'énergie passe par le rouge, l'orangé, le jaune, le vert, le bleu, le violet, le blanc et par tout ce qui se situe entre ces couleurs. Ce n'est pas un hasard si les couleurs de notre système de chakras correspondent exactement au parcours des fréquences énergétiques !

Chez les enfants cristallins, les champs d'énergie présentent le spectre tout entier des couleurs. Il existe une permutation de ce schéma et l'on désigne généralement les enfants chez qui on la décèle « enfants de l'arc-en-ciel » ou « enfants arc-en-ciel ». Des différences subtiles distinguent les champs d'énergie des cristallins et des arc-en-ciel, mais ils sont essentiellement identiques. Ce qui les distingue, c'est que les énergies des cristallins présentent des couleurs et un mouvement très vifs, alors que les énergies des arc-en-ciel sont plus claires ; les teintes sont pastel et les mouvements d'énergie sont plus subtils. Les enfants arc-en-ciel sont un peu plus évolués et leurs schémas de fréquences sont plus élevés, plus raffinés.

Les deux types sont toutefois si proches que je considère qu'ils appartiennent tous deux à la même tendance évolutive. Pour faciliter la lecture, nous emploierons l'expression cristallin pour désigner l'ensemble des enfants de cette catégorie.

## Qu'est-ce qui rend les cristallins si exceptionnels ?

*J'ai souvenir de l'endroit où le temps n'existait pas. J'aimais bien parce qu'il n'y avait jamais d'heure de coucher !*

Alec, 6 ans

La présence d'enfants cristallins est relativement récente sur Terre. Ils ont commencé à arriver ici vers 1997 ou 1998. Ils ont donc moins de huit ans, au moment de la rédaction de ce livre. Avant de naître, les enfants cristallins rendront visite à leurs parents en rêve ou se manifesteront sous forme d'une simple « intuition ». Leur conscience établit d'habitude un contact avec leur future mère. L'enfant à naître se présente par son nom à l'un ou aux deux parents avant sa conception. Ces enfants sont souvent porteurs de messages spécifiques à l'intention de leurs futurs parents.

À la naissance, les enfants cristallins provoquent une modification de l'énergie. Je connais une sage-femme qui a bel et bien vu de la lumière dans la pièce lors d'un accouchement. Parfois, la puissance de cette transformation énergétique suffit à provoquer une sensation de déséquilibre temporaire chez ceux qui assistent à la naissance. Tout de suite après l'accouchement, les bébés cristallins sont très calmes et éveillés. Dans leur regard, on lit une sagesse millénaire. Ces bébés donnent une impression immédiate de puissance et de tranquillité à l'observateur. Ils sont extrêmement « présents », et leur contact laisse la nette impression qu'ils apportent quelque chose de très spécial à notre monde. En effet !

Les enfants cristallins ont généralement, mais pas toujours, les yeux bleus, des yeux d'un bleu métallique. Ce sont ces petits qui, dans la queue au supermarché ou dans les allées d'un magasin, posent sur nous un regard qui nous reconnaît sans équivoque. Ils nous repèrent, s'illuminent et nous tiennent captifs d'un regard qui nous pénètre jusqu'à l'âme, comme un souvenir. Lorsque le regard d'un enfant cristallin nous happe, ses yeux transmettent un savoir essentiel au-delà du temps et de l'espace ; il est souvent difficile de s'en détourner. Quelques-uns des enfants cristallins naissent avec une réalisation presque complète. Autrement dit, ils sont en relation totale avec les univers éthériques au-delà de la présente dimension et maîtrisent de manière ahurissante les facultés intuitives, le sixième et même le septième sens. Cependant, ils apprennent bientôt que rares sont ceux qui sont capables de les comprendre.

Lorsqu'ils sont bébés, leur famille ou responsables communiquent le plus souvent avec eux (comme pour la plupart des enfants) par le langage de bébé et avec des jouets ridicules. Ces êtres fragiles se retirent bientôt dans leur monde intérieur, où ils maintiennent une communication et des échanges au-delà de la troisième dimension.

## Rencontres tendres, communications silencieuses

Les bébés cristallins nous abordent souvent comme s'ils nous connaissaient déjà. Un jour, j'étais au Wal-Mart à Sedona, en Arizona, et il y avait dans l'allée où je me trouvais une petite fille assise dans un chariot ; elle était adorable, avec ses cheveux blonds et fins, et des yeux d'un bleu extraordinaire. Elle avait environ dix ou onze mois. Sa mère était occupée à regarder les chaussures et ne prêtait pas attention. La petite fille m'a repérée, et j'ai capté un « salut ! » télépathique. J'ai souri et lui ai répondu. Nous avons entamé une conversation télépathique et, à cet instant, elle a tendu sa petite main pour attraper la mienne – et refusa de la lâcher. Alors, j'ai décidé de rester là, debout à ses côtés. Je lui ai dit par télépathie que moi aussi je me souvenais d'elle. Elle m'a fait un grand sourire et m'a avoué qu'elle s'embêtait incroyablement et que son corps ne lui allait pas du tout. Elle se sentait vraiment coincée parce que là d'où elle venait, c'était beaucoup moins « à l'étroit ». Imaginez : elle décrivait l'endroit où elle était avant de venir sur Terre ! Nous avons poursuivi notre conversation muette jusqu'à ce que sa maman trouve enfin ce qu'elle cherchait. Celle-ci se préparait à passer à une autre partie du magasin et ne semblait pas faire de cas de l'échange silencieux entre sa fillette et moi, parce qu'en apparence, nous ne faisions que nous dévisager l'une l'autre en souriant beaucoup. Le bébé refusait toujours de me lâcher la main. Après quelques câlins, j'ai extirpé ma main de ses petits doigts. Nous nous sommes séparées, mais son regard me suivait à mesure qu'elle s'éloignait dans l'allée. Au moment où ma petite copine et sa maman empruntaient une autre allée, le bébé s'est penché loin en arrière pour me lancer un grand sourire. Son message fut : « À plus tard ! » Ce genre d'échange se produit fréquemment avec les cristallins. Ils ont des dons télépathiques et communiquent très clairement si on leur prête attention.

Récemment, j'étais invitée à une petite fête chez une amie. Je suis arrivée en retard, et tous les invités étaient déjà occupés à manger dans diverses pièces de la maison. Du regard, j'ai cherché un siège ; j'en ai repéré un dans la véranda et me suis dirigée droit sur lui. En m'asseyant, j'ai remarqué une petite fille à mes côtés, assise sur les genoux de sa grand-mère en adoration. D'abord, elle me faisait dos car elle jouait avec son grand-père, installé sur la chaise à côté. La petite était menue et d'une forme parfaite, avec des cheveux foncés et fins. Elle dégageait l'énergie espiègle d'un petit lutin. Son visage n'était pas rebondi comme celui d'un chérubin, elle avait plutôt l'air d'un adulte miniature. Je l'observais et je pressentais le champ énergétique de cette enfant adorable. Elle dégageait une puissance énorme qui pénétrait dans mon espace personnel. Je me suis mise discrètement à l'écoute du bébé et soudainement, comme si on lui avait donné une petite tape sur l'épaule, elle s'est retournée vers moi pour me fixer droit dans les yeux de son regard bleu limpide ; télépathiquement elle me transmit un « salut ! »

« Bonjour à toi », ai-je répondu.

Notre échange dura environ dix minutes. Nous avons eu une conversation merveilleuse ; nous nous souvenions toutes deux l'une de l'autre, et elle m'a dit apprécier l'attention dont elle faisait l'objet. Elle souhaitait toutefois que les gens lui parlent de choses plus importantes et cessent de lui parler en langage de bébé. Nous avons toutes deux éclaté de rire. Plusieurs invités dans la pièce croyaient simplement que nous nous dévisagions mutuellement. À vrai dire, notre échange a mis passablement mal à l'aise sa grand-mère, très conservatrice. À un moment, elle s'est excusée du fait que sa petite-fille n'avait que six mois et qu'elle ne savait pas que c'était fort impoli de fixer les gens. Extirpée brusquement de cette rêverie avec ma nouvelle copine, je fus sidérée. Comment un bébé pouvait-il être malpoli ? Est-ce possible ! Si seulement cette mamie avait su ! J'ai rigolé discrètement en songeant que cette mamie allait en apprendre beaucoup avec une telle petite-fille. Pas surprenant que cette enfant douée ait choisi cette famille.

Lorsque ma petite-fille avait environ un an et demi, elle est venue passer du temps à la maison. Naturellement, j'étais ravie de passer des moments de qualité avec elle. Un jour, nous jouions sur le sol avec de gros blocs Lego. Nous nous amusions en silence, notre communication était exclusivement télépathique. La petite me regardait et je l'entendais me dire : « Je veux ce bleu-là, là-bas, » (ou n'importe quel bloc) ; et je lui tendais le bloc en question. C'était ensuite à mon tour, et je lui disais mentalement que je voulais celui-ci ou celui-là, près d'elle. Elle me le passait en silence.

J'étais si excitée, je pouvais à peine me retenir. Notre petit manège a duré environ une demi-heure. Au fil des minutes qui passaient, mon enthousiasme grandissait, car notre communication muette, mais parfaite, se poursuivait. Je me suis mise à songer à tout le potentiel que ma petite-fille avait en elle. Par le fait même, ma concentration a diminué. Je lui ai alors tendu un bloc choisi au hasard. Pour la première fois depuis le début de notre jeu, elle s'exclama tout haut : « Mamie, ce n'est pas celui que je voulais ! » Le son de sa voix m'a surprise après notre long mutisme

– elle m'a bien remise à ma place ! J'ai éclaté de rire et lui ai remis le bloc qu'elle voulait.

## Dons et chagrins

Les enfants cristallins sont extrêmement intuitifs et lucides quant à leurs sentiments. Ils sont exceptionnellement sensibles à l'énergie. Ils ressentent tout ce que leur entourage vit – l'énergie des émotions, les intentions des gens, leurs motivations, tout. La plupart du temps, ils savent comment nous nous sentons avant même que nous en ayons conscience ! Ils ont aussi tendance à l'empathie, ils éprouvent littéralement la douleur des autres, physique ou psychologique. C'est pourquoi ce sont de véritables artisans de la paix. Lorsque les autres souffrent, eux aussi ont mal, c'est pourquoi ils cherchent à équilibrer leurs relations et leur environnement. Les conflits s'avèrent excessivement destructeurs pour ces petits et ils feront tout ce qui est en leur pouvoir pour les éviter. En raison de leur sensibilité, les cristallins ont tendance à tomber subitement malades ; ils souffriront de fièvres aiguës ou de maux étranges que les médecins n'arrivent pas à expliquer. Tout cela est dû au fait qu'ils ne sont pas seulement conscients ; à vrai dire, tout ce qu'ils vivent, ils le vivent jusqu'aux tréfonds de leur être. Presque tous les sentiments qu'ils éprouvent se teintent d'intensité. Et parce qu'on nie la vraie nature de bon nombre de ces enfants, qu'on les ignore ou qu'on les traite avec condescendance, ils finissent par refouler leurs intuitions. Leur souffrance se manifestera alors sur le plan physique, sous forme de maladie mystérieuse, car ils répriment plus qu'ils ne peuvent supporter.

Sur une note plus optimiste, j'ai constaté que plusieurs de ces jeunes jouissent d'un don de guérison naturel et subtil, et d'un pouvoir inné impressionnant. Et ils le font naturellement – sans un mot, par un toucher affectueux, voire par un simple regard. Quelques-uns sont capables de déclencher une guérison spontanée d'un seul regard. Voici un excellent exemple, tiré du courriel de la grand-mère d'un petit garçon :

> *J'ai vu Michael effectuer une guérison à l'âge de dix-huit mois. Ma belle-fille vient d'une grande famille... Une grand-tante lui rendait visite de Californie. Celle-ci avait été blessée à l'épaule lors d'un accident récent et avait eu besoin de chirurgie. Sa sœur (l'autre « mamie » de Michael) massait l'épaule de la tante, tandis que le petit et moi-même jouions de l'autre côté du salon. Le marmot ne prêtait manifestement aucune attention à ce qui se passait dans la pièce. Mais une fois le massage terminé, Michael se dirigea tout droit vers sa tante et, très résolu, caressa doucement la cicatrice de sa petite main. Il s'y est repris à deux fois pour parachever la guérison. L'autre mamie et la tante étaient stupéfaites. Je souriais, car j'avais observé cet enfant en or (il a des cheveux blonds dorés) se livrant exactement à ce qui lui venait naturellement.*

## Souvenirs de dons et de vies antérieures

Certains enfants ont fait preuve de facultés remarquables en ce qui a trait à la manipulation d'énergie. Ma petite-fille a témoigné de ce souvenir de manière admirable. À une occasion, une musique s'était mise à jouer et on aurait dit que quelqu'un avait appuyé sur l'interrupteur. Elle a fermé les yeux instantanément, et ses mains se sont mises à se mouvoir ensemble lentement, avec fluidité et délibérément, comme si elle allait offrir une prière. Ses mains se joignirent et son petit corps se mit à bouger au son de la musique. Elle exécuta une danse gracieuse, délibérée, presque surnaturelle. Sa coordination allait bien au-delà du développement jugé « normal » pour un bambin de cet âge. C'était magique. Puis elle se mit à se mouler et à couler dans l'énergie de son corps et de son environnement ; son corps bougeait avec fluidité comme s'il était le vent et les courants de la création. Je n'avais jamais rien vu de si beau ! On aurait dit qu'elle avait la maîtrise innée d'un art similaire au tai-chi. Ses mouvements étaient empreints d'une grâce vivante. Tout le monde était fasciné. Les inconnus comme les amis interrompirent leurs activités et les conversations se turent. Le petit maître semblait être devenu énergie, ses mains et son corps se mouvaient avec élégance, consciemment et témoignant d'un authentique sentiment d'unité que l'on voit rarement ici-bas. C'était la vérité en mouvement, naturelle et sans entrave. À mesure qu'elle accumulait de l'énergie avec ses mains et son corps, elle lui commandait de se mouvoir et de changer ; un changement que chacun pouvait sentir.

Une autre fois, il y avait une fête publique lors d'un congé. Des musiciens jouaient et quelques centaines de personnes se promenaient dans le parc. Il s'est mis à pleuvoir fort et tout le monde se précipita pour s'abriter. Tout le monde, sauf mon petit maître, qui une fois de plus, joignit les mains, ferma les yeux et, depuis là où je me tenais, je la vis se fondre intentionnellement à la musique, à la pluie, à la terre et au ciel. Elle exécuta sa danse, trempée sous la pluie, faisant fi de tout et de tout le monde. On aurait dit qu'elle était passée à une autre époque, à un autre espace. Le moment était si merveilleux que les larmes me montèrent aux yeux. Et je n'avais même pas mon appareil photo !

Les enfants cristallins sont des êtres du cœur. Ils sont animés d'une intense compassion et possèdent un sens inné de la justice. Le bien de la communauté semble compter parmi leurs préoccupations premières. Par ailleurs, si on leur manque de respect, ils se sentent gravement trahis. Ils ne comprennent absolument pas pourquoi on ne les traiterait pas avec respect et tolérance ; l'affront les affecte sérieusement. Les cristallins ont l'impression d'être personnellement responsables des sentiments d'autrui ; ces sentiments les habitent profondément. Leur conscience sociale et leur compassion dépassent de loin le nombre de leurs années.

Récemment, j'ai parlé avec une maman qui souhaitait partager avec moi l'histoire de ses merveilleux petits. Très tôt, Margi avait repéré la douance de ses enfants et avait tenu un journal. Elle s'est enquise de ce dont j'avais besoin pour ma recherche ; je lui ai répondu que ce qu'il me fallait c'était surtout une description des dons exceptionnels des enfants, des anecdotes sur leur manière de voir le monde, leurs messages profonds ou leurs gestes hors de l'ordinaire. Margi relata une histoire sublime au sujet de son fils Peter.

Un jour, on téléphona de son école pour annoncer qu'il y aurait une collecte de nourriture. Margi répondit : « Naturellement, pas de problème, je vais participer. » Mais le directeur s'opposa : « Attendez un peu ! Vous ne comprenez pas. C'est Peter qui organise le projet ! » Margi était sidérée. À l'époque, Peter avait environ onze ans. Quand Margi avait loué les efforts de Peter, il expliqua qu'à son sens, sa famille et ses camarades de classe avaient tout ce qu'il leur fallait, tandis que d'autres vivaient dans l'indigence ; si chacun partageait ce qu'il possédait, alors tous en profiteraient.

Ma petite-fille de six ans me téléphona à la maison par un bel après-midi pour me dire qu'elle avait rédigé un petit mot à l'intention de son professeur. J'ai dit que c'était gentil, car c'est dans sa nature. Elle précisa cependant qu'elle l'avait écrit, parce que son professeur était particulièrement stressée par une dure journée à l'école. De toute évidence, la classe n'avait pas été sage, plutôt même très turbulente. Le professeur avait perdu patience. Ma petite-fille précisa qu'elle riait au moment où elle avait remis le petit mot au professeur, et que cette dernière s'était mise à rire aussi et que son stress s'était dissipé. La note avait joué un rôle important : elle avait apporté légèreté et humour à la situation, et allégé ainsi l'énergie de la tension. Ce type de comportement caractérise les enfants cristallins.

Les enfants cristallins sont doués d'une forte conscience sociale. Ce sont sans équivoque des artisans de la paix. Ils possèdent un sens de la justice qui provient normalement de l'expérience et de la maturité ; et qu'ils mettent souvent en œuvre sans les conseils ou les encouragements d'autrui, à l'étonnement de tous !

Les enfants cristallins affichent parfois des dons plus rares, comme la psychokinésie (l'art de déplacer des objets par la pensée) et la téléportation (celui de disparaître d'un endroit pour réapparaître dans un autre). Une grand-mère m'a envoyé un courriel expliquant que sa fille, jeune mère, venait d'avoir un bébé. Ce qu'elle m'a raconté était plus qu'extraordinaire. Les jeunes parents avaient couché le bébé dans son berceau pour la nuit et étaient allés dormir. Au beau milieu de la nuit, ils s'éveillèrent et découvrirent le bébé blotti entre eux ! Ni l'un ni l'autre des parents ne s'était levé dans la nuit. Le bébé s'était téléporté dans le lit de ses parents par lui-même.

Combien d'entre nous avions des amis invisibles quand nous étions petits ? Ou alors, nous avions des camarades qui jouaient avec les leurs ? S'agit-il seulement de l'imagination, ou y a-t-il autre chose ? La plupart des enfants dont nous traitons dans cet ouvrage sont capables de voir « au-delà des voiles ». Ce qui signifie que leur conscience ne se restreint pas à cette dimension ou à la réalité locale (par « locale », j'entends l'ici et maintenant dans la troisième dimension). De temps en temps, j'ai rencontré des enfants et entendu des anecdotes de la bouche de leurs responsables, parents, professeurs et d'autres personnes au sujet d'échanges merveilleux que les enfants cristallins entretiennent avec leurs amis invisibles. En vérité, s'ils sont invisibles, c'est qu'ils le sont parce que le mental moyen ne s'est pas ouvert suffisamment pour les percevoir comme le font ces jeunes.

Je connais une petite fille qui s'est mise à parler aux anges vers l'âge d'un an. À plusieurs reprises, elle pointait le doigt en l'air (vers le plafond, d'habitude) et disait : « Il y a un ange là, c'est un ange fille. Il y en a un autre là et c'est un garçon. Ils veillent sur nous. » En général, plusieurs anges étaient constamment présents. Cela se poursuivit pendant quelque temps jusqu'à ce que sa mère, effrayée par les facultés de l'enfant, la décourage en lui disant que les anges n'existaient pas. La réponse de la petite fut : « Mais bien sûr qu'ils existent ! J'ai vraiment vu ces anges. Et eux aussi, ils m'ont vue ! »

On peut parfois voir ou entendre des enfants en conversation avec divers êtres surnaturels. Quelques-uns des petits parlent des langues qui ne sont pas terrestres. En fait, à plusieurs reprises j'ai vu deux ou plusieurs de ces petits êtres doués discuter entre eux dans une langue appartenant à d'autres mondes. Comme s'ils s'étaient mutuellement reconnus d'un endroit ou d'une époque autres et qu'ils retrouvaient leur ancienne langue. Une mère m'a transmis cette histoire magique par courriel :

> *Je vous ai fait parvenir des photos et de l'information au sujet de ma petite-fille, Malia, qui aura quatre ans le 25 septembre. J'ai tenté de lui parler de ses amis imaginaires (elle en a beaucoup !). Je lui demande d'où ils viennent et elle dit qu'ils sont morts et sont venus du ciel. Avec deux en particulier, elle discute beaucoup – Donna et Hebee. Elle connaît des*

*tas d'histoires à leur sujet, leurs parents et leurs familles... Ils sont souvent là, avec nous chez elle ou chez moi, quand elle me rend visite. Je fais comme s'ils étaient vraiment là et comme si je les voyais et leur parlais.*

Les enfants cristallins entendent ou voient d'habitude leurs guides éthériques comme s'ils étaient présents dans la troisième dimension. L'interaction de ces enfants avec d'autres univers leur procure une connaissance profonde et vaste de la vie et de l'existence. Ils possèdent une sagesse inimaginable. Ces enfants ne se conçoivent pas comme étant différents des maîtres et des guides qui viennent à eux. C'est normal pour eux, ce n'est rien d'inhabituel. À ce chapitre, l'une de mes anecdotes préférées concerne un petit garçon qui s'était précipité dans la chambre de ses parents tard le soir, en proclamant tout excité que Jésus venait de lui apparaître pour lui expliquer en détail le fonctionnement de l'univers. Enthousiaste, la maman du garçon lui demanda ce que Jésus avait dit et, ne recevant aucune réponse, elle le regarda et vit qu'il s'était rendormi aussitôt ! Non, ce n'était pas un rêve – mais le petit garçon ne faisait pas grand cas de cette expérience parce qu'il vivait ce genre d'événements tout le temps. La maman était tout de même transportée de joie.

Voici une autre histoire formidable en provenance de Nouvelle-Zélande. (J'ai eu le plaisir d'être invitée par cette maman lorsque j'ai fait une tournée d'enseignement et j'ai adoré son enfant.)

*Un jour, nous faisions une promenade et nous avons vu un magnifique arc-en-ciel. La petite sauta de sa poussette et s'exclama de joie : « Regarde, maman ! C'est la promesse de Dieu ! » Un autre jour, nous jouions dans la maison avec de l'argile ; la petite me regarda et dit : « Tu sais maman, Dieu n'est ni homme, ni femme. Dieu, c'est une grande boule de lumière et à notre naissance, il prend des petites parcelles de cette lumière et nous les donne. »*

*Voici mon histoire préférée. J'apprenais une nouvelle méthode de massage énergétique enseignée dans le cadre de stages de fin de semaine. L'une de nos activités consistait à prendre contact avec notre animal totem et à bouger avec cette énergie. J'ai pris contact avec l'aigle. Mais quelque chose n'allait pas. Je ne pouvais déployer mes ailes. Je ne pouvais voler. Cela me troubla et je me suis demandé ce qui me retenait. C'était comme si quelque chose enserrait mes bras. J'ai consulté l'enseignant et nous avons opté pour une séance de guérison en privé afin de régler le problème. Au cours de la séance, j'ai vraiment constaté une énergie négative qui me retenait. Il a fallu un grand effort et j'ai dû littéralement ingérer de l'udi, de la cendre sacrée, pour me libérer de cette force. Moi-même et l'enseignante l'avons toutes deux sentie partir. Nous étions contentes de la séance et avons décidé que j'emporterais une cassette audio d'un chant ancien pour purifier ma maison. Je crois que cette mélopée était en sanscrit, mais j'ignore le sens des mots. Ce soir-là, en bordant ma petite-fille cristalline, j'ai fait jouer la cassette pour elle. D'habitude, quand je la borde avant de dormir, elle reste éveillée longtemps et ne s'endort pas facilement. À mon grand étonnement, elle cessa de tripoter son nounours et se mit à chanter la psalmodie. Elle connaissait parfaitement les paroles ! Elle chantait avec le regard vitreux, mais serein. J'étais là bouche bée lorsqu'elle cessa soudainement et m'a regardé droit dans les yeux : « Maman, tu as tes ailes maintenant, tu peux voler. » L'œil étincelant, elle se pencha vers l'avant avec un sourire et murmura : « Et moi aussi. »*

*Elle sombra ensuite dans un sommeil profond et paisible tandis que je tentais de me remettre de ma stupéfaction.*

La clairvoyance ne se limite pas qu'aux anges et aux guides éthériques. En raison de leur conscience multidimensionnelle, quelques-uns des enfants sont capables d'accéder intentionnellement à presque n'importe quelle sphère d'existence. Vous souvenez-vous du temps de notre enfance où nous étions persuadés qu'il y avait des monstres dans la chambre ? Nos parents devaient venir fermer la porte du placard ou mieux, clore les rideaux et vérifier sous le lit pour nous rassurer qu'il n'y avait rien d'autre dans la chambre. J'ai récemment eu vent du cas de nombreux enfants qui souffrent d'angoisses apparemment irrationnelles la nuit dans leur chambre à coucher ou d'autres pièces de la maison. Il y a davantage de bambins qui éprouvent ces terreurs nocturnes, parce qu'un nombre croissant de gamins sont doués de cette conscience supérieure. Outre notre réalité, ils voient et pressentent d'autres univers, des êtres surnaturels et des réalités autres ; ils savent des choses qu'ils n'ont, de toute évidence, pas entendues ni apprises. Mieux vaudrait leur prêter attention ! Ils savent vraiment de quoi ils parlent.

Le simple fait que la majorité des adultes ne perçoit pas ces choses ne les rend pas moins réelles. Du fait de leur douance également, les enfants cristallins ne pensent pas comme les autres êtres humains. Ils pensent de la même manière que se meut l'énergie – de manière holographique et par compartiment, interagissant avec les autres et avec leur environnement comme des éponges vivantes. L'information est assimilée et s'intègre au compartiment de l'esprit qui lui est pertinent. Lorsque ces enfants prennent conscience de fragments d'information qui n'ont en apparence pas de sens, ils les enregistrent automatiquement pour pouvoir s'y référer par la suite.

S'ils rencontrent une autre pièce du casse-tête, ils l'enregistrent également, et ainsi de suite, jusqu'à ce que le tableau d'ensemble apparaisse. En raison de ce mode différent de traitement des données, un grand nombre d'enfants sont complètement incompris. À plusieurs, on administre des médicaments comme le Ritalin pour les tranquilliser et leur permettre de focaliser leur attention. Mais les médicaments ne sont pourtant pas une solution. À vrai dire, notre manière d'éduquer ces jeunes ne prend aucun compte de leur niveau de conscience. Nous avons plutôt tenté de les mettre dans des petites boîtes conformes aux attentes sociales découlant de normes qui ne s'appliquent pas à eux. Il est temps de changer. Il faut appliquer des normes inédites qui correspondent à la douance de ces enfants.

Les parents ou les responsables me demandent souvent d'entreprendre une guérison pour des enfants qui ne s'adaptent pas bien à leur environnement. En règle générale, dans ces cas-là, les petits présentent des champs énergétiques abîmés ou très particuliers en raison de leur susceptibilité. Le problème vient le plus souvent de personnes de leur entourage qui sont tout simplement dans l'ignorance. Après avoir fait prendre conscience aux familles et leur avoir enseigné comment soutenir leurs enfants doués, la plupart des parents cessent de faire pression sur leurs rejetons pour qu'ils se conforment à ces cases bien définies. Tout le monde est ainsi plus heureux. D'habitude, les parents réalisent que rien ne cloche chez leur enfant ; c'est au contraire un être doué qui a beaucoup à offrir au monde. Une fois que les pressions se sont relâchées, les enfants sont libres d'être naturels et d'afficher encore d'autres dons.

Les enfants que décrit cet ouvrage ne sont pas prêts à se conformer à des cases prédéterminées socialement – et ils ne le peuvent effectivement pas. Les médicaments ne changeront jamais la nature de ces enfants ; ils ne font qu'anesthésier leur différence. Au fil du temps, les enfants se découragent et ne font plus appel à leurs dons, plusieurs les oublient car ils sont contraints de se conformer à la « normalité ». Bientôt, ils ferment la porte aux autres réalités et deviennent semblables à n'importe quel autre personne qui n'est pas consciente de tout ce qui existe en dehors de la soi-disant normalité. Dans le pire des cas, ce genre de répression pourra causer des difficultés qui apparaîtront plus tard chez l'enfant. Il éprouvera des problèmes d'estime de soi et de dépression, un sentiment de dévalorisation ou la certitude que rien ne va dans notre monde. Il faut se souvenir qu'avec nos processus évolutifs nouveaux, rien n'est plus « normal ». La notion même de réalité est intrinsèquement liée au point de vue de la personne qui en fait l'expérience. Si les parents, enseignants, et responsables entretiennent une idée rigide de ce qu'est la normalité, alors tout est perdu pour ces gamins.

Les enfants cristallins pensent à une vitesse telle qu'on a l'impression qu'ils passent d'un sujet à l'autre ; les gens autour ont de la difficulté à les suivre. Ils sont super conscients – ils ressentent profondément et réagissent à la vitesse de l'éclair.

Impossible de les duper. Un après-midi, avec ma petite-fille, qui avait alors cinq ans, nous étions plongées dans une conversation sérieuse, dont je me suis détournée quelques instants, car quelque chose derrière la fenêtre avait attiré mon attention. Mon adorable fillette était en train de me poser une question qu'elle considérait très importante. Quand je suis revenue de ma rêverie, elle me fixait avec son regard bleu limpide qui voulait dire « tu ne peux rien me cacher ». Préoccupée, j'ai répondu à sa question en adulte, sans réfléchir plutôt que par ce que m'aurait dicté mon cœur si j'avais pris le temps de m'interroger. Pour un adulte, une réponse simple est beaucoup plus facile qu'une longue discussion.

Ma petite-fille observa : « Tu ne m'as pas dit la vérité. Je l'ai vu passer dans ta tête et par tes yeux ! » J'étais prise sur le fait et, pour tout dire, un peu gênée. Elle avait tout à fait raison. Je me suis excusée et lui ai expliqué ce que j'avais vraiment ressenti. Je ne le referai plus jamais !

Les cristallins jouissent généralement d'un excellent équilibre entre les hémisphères gauche et droit du cerveau. Ils sont doués d'une grande intelligence mais abordent les choses avec un sens de l'équité sincère et entièrement par le cœur. Le raisonnement linéaire les impatiente, car ils saisissent instantanément l'ensemble du tableau malgré le foisonnement de détails. Complètement inopinées, leurs remarques se teintent de profondeur. En voici quelques exemples :

La vie, ça n'a rien à voir avec les objets et les choses. Il s'agit de nous aimer nous-mêmes et de nous aimer les uns les autres autant que nous en sommes capables. J'aimerais que les gens comprennent que lorsqu'ils se mettent en colère, qu'ils sont tristes ou heureux, ces sentiments, ils les partagent avec tous ceux qui les entourent. Les sentiments, c'est de l'énergie, et l'énergie circule.

Si Dieu est en moi, alors je dois être Dieu aussi. Cela veut dire que je suis vraiment maître de ma création !

Les conditions ordinaires dans la salle de classe s'avèrent particulièrement difficiles pour les cristallins, surtout parce qu'on attend d'eux qu'ils restent assis tranquilles et qu'ils apprennent par cœur. Cela leur est impossible. Par conséquent, les enfants passent à l'acte et expriment leur frustration, ce qui entraîne des problèmes sociaux.

Ce sont des penseurs conceptuels, aptes à saisir l'information dans sa totalité sans avoir besoin d'une explication détaillée. N'oubliez pas, ils ont conscience de tout et de tout le monde. Ils possèdent déjà de vastes quantités de données que la plupart d'entre nous ne détenons pas. Par ailleurs, l'environnement reste très institutionnel dans la plupart des établissements scolaires, peu importe les décorations sur les murs. Pour ces enfants, ce contexte institutionnel est austère et peu accueillant. Enfin, en raison de leur capacité à fonctionner en mode multitâche, les enfants cristallins ont l'air dispersés. Ils papillonnent d'une activité à l'autre et ne finissent pas systématiquement une chose avant de passer à la suivante. Si quelque chose d'autre attire leur attention, ils laissent dans leur sillage une traînée de jouets et d'autres objets. Les parents et les professeurs s'essoufflent vite !

Le régime alimentaire pose d'autres problèmes. Les cristallins ont tendance à manger davantage comme des oiseaux que comme des êtres humains. Ils préfèrent grignoter, à l'image de petits oiseaux, et n'ont que faire d'un bon repas à table. Un repas de trois plats, c'est beaucoup trop pour eux ; ils ont l'impression d'être gavés. Plusieurs de ces petits refusent certains aliments. Ils savent ce dont ils ont besoin. Nous traiterons le sujet en détail plus loin.

Les souvenirs de vies antérieures et de « la maison » sont fréquents parmi les enfants cristallins. À un moment ou à un autre, la presque totalité des cristallins ont exprimé le désir de « rentrer à la maison ». Leurs parents répondent : « Mais chéri, tu es chez toi ! » Et l'enfant assure ses parents qu'il n'est pas chez lui. Une maman demandait à son fils ce dont il se souvenait à propos de « la maison », après qu'il ait demandé une énième fois quand il allait rentrer chez lui. Le petit répondit : « Ce dont je me souviens surtout, c'est que j'étais tellement libre ! » Un autre expliqua à son père terrestre : « Je me souviens de mon vrai père. Il ne meurt jamais. »

La métaphysique affirme que nous choisissons notre destinée et nos parents. On peut se demander si cette déclaration correspond à la vérité ou si c'est la version d'une réalité imaginée par quelqu'un. Ayant passé du temps avec ces enfants, je vois clairement que quelque chose de fabuleux est en train de se produire. Une de mes citations préférées vient d'une cristalline très douce et douée, Christina, lorsqu'elle était toute jeune : « Quand je choisissais ma nouvelle famille, de « là-haut », j'ai examiné une foule de gens, mais je savais que vous étiez vraiment bien alors je vous ai choisis ! » Je connais sa mère, la petite a raison !

## Nicholas*

Nicholas est entré dans ma vie à peu près à la même époque où les sphères lumineuses sont apparues. Je faisais de la recherche sur Internet, où une série de liens m'a conduite au site Web de Nicholas. La référence à ce site n'était pas là où l'on s'y attendait ; et telle un phare, elle a immédiatement retenu mon attention.

La première chose que j'ai vu sur ce site, c'était la photographie de Nicholas. J'ai alors pressenti et vu un enfant rempli d'amour et de grâce. Je suis tout de suite tombée sous le charme. On aurait dit que Nicholas et moi nous connaissions depuis toujours. Grâce aux courriels de sa mère, Susan, nous avons tout de suite noué des liens. Mon copain Nicholas est un être tout à fait remarquable. Authentique enfant cristallin, son but dans la vie, c'est d'enseigner l'amour. Du fait qu'il ne s'exprime pas par les mots, Nicholas communique avec éloquence par l'écriture. Depuis qu'il sait marcher, il compose des textes sublimes. Nicholas détient une sagesse insondable qui provient des profondeurs de son cœur,

* NdA (Nicholas Tschense a rédigé la préface de ce livre. Son intuition et sa beauté rayonnent de son cœur vers l'humanité ; je suis tout à fait honorée que ses paroles viennent enrichir ces pages. Ses écrits sont cités avec sa permission expresse et celle de sa famille. © Tous droits réservés sur toutes les œuvres de Nicholas.)

il éprouve un amour immense envers le monde. Son message affirme que nous sommes bien davantage que des fragments isolés d'une humanité individualisée. Ses paroles évoquent notre unicité et l'importance d'être en contact avec cette unicité. Elles illustrent de grandes vérités qu'il exprime avec douceur. Nicholas a touché de nombreuses personnes en leur âme. Pour ses écrits, Nicholas choisit ses mots depuis la lumière des cieux et les formule en langue humaine. Sa vérité est celle de l'Un.

À l'âge de quatre ans, Nicholas rédigea le poème qui suit (avec un petit coup de main d'un ami pour l'orthographe) :

*L'amour m'anime*
*L'amour est merveilleux*
*L'amour tranquillise*
*L'amour me touche*
*Lorsqu'il me traverse !*
*À l'intérieur de mon corps,*
*Il m'anime et je suis vivant.*
*Mon être est un.*

(Par Nicholas M. Tschense. Aidé par son amie Laura Batson.
© Tous droits réservés, Nicholas et sa famille.)

Nicholas est amour. Il sert de passerelle entre l'humanité et les cieux ; et il le fait sans la moindre gêne et avec une grande sincérité. Il ne craint pas de clamer ce qu'il sait ; ses dons sont inestimables. À l'âge de six ans, Nicholas donna l'allocution suivante au Fifth World Congress on Qigong (Cinquième congrès mondial du qigong) devant un public de plus de deux cents personnes, qui lui a fait une ovation.) Peu avant son discours, Nicholas avait reçu un prix pour sa contribution au *Child and Youth Project for Healing and Peace* (Projet enfant jeunesse pour la guérison et la paix).

## Pourquoi les êtres humains ont-ils besoin de la nature comme moyen de guérison ?

*La nature, c'est le meilleur moyen d'atteindre l'harmonie. Elle représente l'amour de Dieu et son ordre parfait. Pour communier avec la nature, il faut un peu de temps pour ressentir pleinement sa présence, mais croyez-moi, elle est toute là. La nature a sa beauté féerique. Elle possède la présence de Dieu, divine et complètement ordonnée.*

*Il est remarquable que Dieu nous ait accordé un tel présent. La nature sert à la guérison et éveille l'admiration. Il faut l'approcher avec le plus grand amour et le sentiment du sacré. Si la nature ressent cet amour, elle continuera à nous accorder sa récompense : le soutien de la vie. La guérison vient de l'intérieur ; donc, notre point de référence doit être le pouvoir provenant de notre nature divine et de Dieu, qui pour moi sont presque identiques. La guérison vient de la nature et de la méditation. La méditation, c'est la solution. Elle apporte le plus grand savoir. Elle procure l'intelligence universelle, où nous pouvons tous emprunter de cette bibliothèque. L'intelligence offre tout ce que nous cherchons et qu'on peut trouver ici. Alors, la prochaine fois que vous allumez la télévision pour vous évader, méditez plutôt pour vous accorder à votre pouvoir infini et à votre potentiel de guérison. Merci d'avoir été mes invités !*

Avec amour, Nicholas ©

Nicholas avait neuf ans lorsqu'il a rédigé ce texte ; dans sa mission de changer le monde, il connaît des débuts fort prometteurs. Voici l'un de ces enfants nouveaux animés d'un amour infini et d'une sagesse insondable ; il est venu pour nous les offrir. Tout ce qu'il demande, c'est que nous l'entendions et que nous apprenions que l'amour, c'est la réponse à toutes nos questions.

Nous t'écoutons Nicholas. Religieusement.

## Pete

Les anecdotes se multiplient au sujet d'enfants cristallins qui se souviennent de leurs vies antérieures et du temps passé au « paradis ». L'un de ces récits fait référence à un petit garçon que je nommerai Pete. À l'heure actuelle, il a environ six ans. Il est véritablement doué d'une conscience multidimensionnelle, comme bon nombre d'enfants cristallins. Récemment, un soir que son père le bordait avant de dormir, Pete remarqua : « Regarde, papa ! Tu vois les hommes qui entrent par le plafond ? » Ce à quoi le père répondit : « Eh bien, je ne les vois pas, mais je te crois. » Pete poursuivit : « Papa, ils viennent d'une dimension toute proche, pas de celle qui est très loin, mais de celle qui est tout près. » Un jour, il y a un an ou deux, Pete aborda son père en disant qu'il avait besoin de prendre un cours de chinois. Il affirma qu'il savait déjà parler, mais il voulait simplement se rafraîchir la mémoire. Il raconta à ses parents actuels qu'il avait été un empereur-enfant en Chine et, avec les détails qu'il leur a fournis, ils furent en mesure de vérifier ses dires à partir de chroniques historiques. On accorda à Pete ses cours de chinois et presque sur-le-champ, il parlait la langue couramment. Bravo à ses parents !

Alec, copain de Pete, et enfant également surdoué rendait visite à ce dernier et à ses parents. Il relata aux parents de Pete une histoire tragique sur la vie que lui et Pete avaient vécue ensemble au Pérou. Alec indiqua quels étaient leurs noms d'alors et comment ils s'étaient cachés dans une chambre d'hôtel. Ils s'y terraient et c'est alors qu'une bande d'hommes armés fit irruption dans la pièce et abattit Alec et Pete. L'histoire d'Alec comportait une foule de détails, si bien que sa mère fut par la suite en mesure de vérifier l'authenticité des faits relatés. Apparemment, il y avait eu un soulèvement populaire au Pérou à l'époque qu'Alec avait mentionnée. Un parent peut difficilement concevoir que son enfant ait vécu d'autres vies passionnantes avant de revenir sur Terre pour devenir son rejeton.

Les enfants cristallins ont une mission d'envergure et sont disposés à l'expliquer à quiconque souhaite l'entendre : ramener l'amour inconditionnel à l'humanité et aider à instaurer la paix mondiale en réintroduisant la connaissance de notre unicité dans la conscience collective. En tant que gardiens de ces enfants, nous avons pour responsabilité de les seconder dans cette mission et de respecter ce qu'ils sont et ce qu'ils sont venus faire ici. Les enfants cristallins portent en eux le souvenir conscient de la sagesse des âges, et ils nous l'accordent généreusement.

Comment allons-nous réagir ? Entendrons-nous leur message et appliquerons-nous cette sagesse millénaire à notre vie actuelle, à notre environnement et à notre monde ? Ou choisirons-nous de rester dans l'ignorance, en fermant du coup toutes les portes chez ces enfants ? Nos enfants représentent notre avenir. Et cet avenir en eux est capable de nous mener vers une tangente formidable pour le plus grand bien de l'humanité – si seulement nous écoutons ce que les enfants sont venus nous dire ! Rendons-leur hommage et chérissons-les ; et ouvrons-nous à la possibilité que, parfois, les enfants en savent plus que nous. Ne nous opposons pas à la possibilité d'une réalité plus vaste, simplement parce que nous ne comprenons pas. Explorons plutôt ces dons exceptionnels chez nos petits. Il n'y a aucune raison de les craindre. Même s'ils sont doués, ils sont nos enfants. Leurs messages ne disent rien de neuf – ils véhiculent simplement des vérités extraordinaires que la plupart d'entre nous ont oubliées.

*Chapitre 5*

# LES CARACTÉRISTIQUES DES ENFANTS CRISTALLINS

- Ils ont les yeux d'un bleu cristallin ou d'une teinte très sombre. Ils nous regardent comme s'ils nous connaissaient depuis toujours – et c'est le cas !
- Ils sont extrêmement sensibles à l'environnement, à la planète et aux sentiments d'autrui.
- Ils sont doués d'une intuition fine.
- Généralement, ils sont capables de télépathie.
- Ils sont conscients des enjeux sociaux.
- Ils jouissent d'une maîtrise innée de l'énergie subtile.
- Ils pensent par compartiments.
- Leur attention paraît très dispersée.
- Ils sont animés d'une compassion sincère.
- Ils ne peuvent supporter le conflit – ils s'en sentent responsables.
- Leur sagesse va bien au-delà du nombre de leurs années.
- Ce sont des artisans de la paix.
- Ils sont doués de pouvoirs de guérison naturels.

- Ils ont vu le jour entre 1997 et aujourd'hui (quelques-uns sont un peu plus âgés).
- Ils sont d'une fragilité extrême – ils souffrent souvent de maux inexplicables.
- Leurs champs d'énergie ont la forme de faisceaux, de la même teinte que des joyaux brillants ou des pastels doux.
- Ils ont fréquemment souvenir de leurs vies antérieures ou de leurs expériences entre deux vies.
- Ils voient et souvent échangent avec des êtres éthériques, comme des anges, des maîtres, des extraterrestres, etc. Ils évoqueront parfois des visiteurs et des amis invisibles comme s'ils les connaissaient intimement.
- Certains ont reçu un diagnostic de TAD, de TADH ou d'autisme.
- Ils connaissent le but de leur destinée.
- Ils sont extrêmement généreux.
- Ils sont affectueux, compatissants et pardonnent très facilement.
- Ils remarquent la dynamique des échanges entre les gens.
- Ils sont capables de découvrir la vérité sans effort.
- Ils ont besoin de moments de solitude pour se régénérer ou pour se défaire des énergies de la journée.
- Ils sont dangereusement vulnérables, et malgré tout, puissants.
- Ils ne parviennent pas à comprendre la cruauté des humains entre eux.
- Ils sont animés d'un amour sincère pour la vie, les gens et les animaux.
- Ils ont besoin de s'immerger régulièrement dans la nature.
- Ils adorent jouer ou s'asseoir dans l'eau.

- Autour d'eux, on constate de petits miracles – les gens se rétablissent mystérieusement de leurs maladies, l'argent arrive et les choses s'améliorent.
- Ils se sentent responsables des événements extérieurs à eux et des actions d'autrui.
- D'un grand charisme, ils attirent les gens.
- Les appareils électroniques réagissent à leur présence.
- Ils sont doués d'empathie.

*Chapitre 6*

# Les enfants stellaires

Les enfants stellaires constituent un groupe à part présentant des dons très particuliers. Leur structure génétique est partiellement éveillée, ils apportent en ce monde une aide d'origine interstellaire. Dans l'avenir, ces jeunes élaboreront de nouvelles technologies et feront avancer des domaines scientifiques que nous comprenons à peine aujourd'hui. On définit un enfant stellaire comme un enfant d'origine à la fois humaine et extraterrestre. Plusieurs causes possibles expliqueraient l'apport extraterrestre à la genèse de ce type d'enfant. Facteurs héréditaires, génie génétique (amalgame délibéré de plusieurs races), technologie biomédicale, relation à la conscience télépathique (une conscience qui en porte une autre), voire incarnation planifiée d'un visiteur des étoiles dans un corps humain. On compte parmi ces visiteurs des étoiles des enfants doués de qualités parallèles, phénomène que nous aborderons dans un chapitre subséquent.

Des éléments manquants dans les données archéologiques suggèrent qu'au cours de certaines périodes de l'Histoire, l'humanité aurait produit de grandes avancées technologiques en métallurgie, en alchimie, ainsi que de grandes réalisations architecturales

– on parvenait même à transiter entre des univers de conscience qui demeurent inconnus à ce jour. Le continuum archéologique traçant l'histoire et l'évolution de l'humanité présente de grands trous. Autrement dit, ces trous dans les éléments de preuve évoquent un schéma éloquent dans notre développement matériel.

La plupart des objets fabriqués découverts lors de fouilles archéologiques montrent que la race humaine serait passée d'un état semblable au singe à ce que nous sommes aujourd'hui de façon très soudaine (en termes d'évolution). Quelques étapes semblent pourtant faire défaut dans notre développement. Les murs des tombeaux de l'Égypte ancienne, par exemple, témoignent que l'on manipulait alors l'énergie subtile. Ces fresques montrent une succession de personnages portant des boules de lumière blanche, des sphères d'énergie rouge ou des objets susceptibles d'être des conduits électriques similaires à nos piles actuelles. Les textes anciens font aussi référence à de telles pratiques. Les « Tablettes sumériennes » font référence à la race annunaki, qui proviendrait de la dixième planète de notre système solaire. Par ailleurs, la Genèse, le premier chapitre de la Bible, parle de géants qui, tombés du ciel, se seraient accouplés avec les humains et auraient engendré une race nouvelle d'êtres doués. Les écrits séculaires contiennent effectivement de nombreuses mentions d'autres formes vies dans l'univers et de l'influence de visiteurs venus d'autres époques et d'autres lieux.

Au fil de l'histoire, les visiteurs des étoiles furent également représentés dans les œuvres d'art. De nombreuses toiles à caractère religieux comportent des disques volants à l'arrière-plan ou reproduisent des appareils aériens dont quelques-uns sont pilotés par des êtres surnaturels. Dans l'Inde de jadis, ces vaisseaux volants portaient le nom de *vishnya* ; il existe une foule de récits décrivant les êtres qui voyageaient ainsi autour de notre globe et ailleurs.

Les éléments manquants dans les découvertes archéologiques, les objets représentés dans l'art au fil de l'histoire et les textes sacrés millénaires suggèrent systématiquement que des visiteurs venus d'ailleurs dans l'univers parcouraient notre Terre pour nous apporter leurs matériaux génétiques, soit en s'accouplant directement avec des humains en évolution, soit en mêlant leur ADN à notre organisme en développement.

Dans notre monde contemporain, plusieurs adultes sont porteurs de ces matériaux génétiques. Leur ADN s'est éveillé, il fonctionne désormais autrement et présente une nouvelle série de propriétés. Les adultes porteurs de ces traits génétiques ont l'impression qu'ils ne sont pas adaptés à notre monde, qu'ils ne sont pas normaux ; ils souhaitent ardemment rentrer à la maison.

Plusieurs sont doués de facultés intuitives ou extrasensorielles, ou d'autres talents exceptionnels, par exemple, le don de voir à distance, l'aptitude à guérir ou à connaître des choses au delà de leur expérience. Ces personnes, on les nomme habituellement les « semences stellaires ». Elles sont fascinées par des étoiles ou des constellations spécifiques, notamment Orion, les Pléiades, Arcturus et Sirius. Quelques-unes se passionnent pour Sirius B, qui suit la même orbite que Sirius. Quelques semences stellaires ont apporté de leur planète d'origine des langues, des formes d'art, de la littérature, de la musique et des symboles. Les semences stellaires sont les précurseurs de nos enfants stellaires, qui sont plus avancés sur le plan génétique et évolutif. À mesure que l'ADN d'origine interstellaire continue à évoluer naturellement, les enfants stellaires apparaissent en notre monde.

Les champs énergétiques des enfants stellaires sont accordés très subtilement, ils comportent une série complète de relations harmoniques tout à fait différentes de celles des êtres humains ordinaires. Leurs champs énergétiques sont lisses et soyeux, exempts de statique.

Ces champs sont des rivières de fréquences lumineuses qui coulent ininterrompues – ainsi, elles éduquent, apaisent et ressourcent les jeunes. Les enfants stellaires viennent en notre monde dotés d'une intelligence remarquable. Ils ont une propension naturelle aux sciences et aux principes scientifiques, et ils s'y entendent parfaitement, alors que des adultes « normaux » n'y comprennent rien. Ils adorent discuter de physique quantique.

Les rêves des enfants stellaires sont peuplés de vols planés, de pièces remplies de lumière blanche, de lumières teintées d'une myriade de coloris ; ils rêvent aussi qu'ils montent dans des vaisseaux et s'entretiennent avec des êtres surnaturels. Plusieurs enfants stellaires exercent aussi une action singulière sur les appareils électroniques ; ceux-ci se mettent à mal fonctionner ou s'allument et s'éteignent sans raison. Quelques enfants stellaires font éteindre les lampadaires le long des rues lorsqu'ils passent tout près, à pied ou en voiture. Leurs dons intuitifs sont prodigieux, et ils maîtrisent parfaitement la guérison énergétique. Plusieurs d'entre eux voient les auras ou d'autres champs énergétiques. Grâce à leurs facultés extrasensorielles, ils sont en mesure de diagnostiquer les maux du corps physique. Ils sont également capables d'influencer les autres par télépathie et sont souvent clairvoyants. Quelques-uns ont le pouvoir de lévitation (capacité de flotter au-dessus du sol à volonté) ou de télékinésie (capacité de déplacer les objets par l'esprit).

Ces enfants remarquables sont similaires aux cristallins en ce sens qu'ils pensent par compartiments. Ils peuvent faire d'étonnants sauts logiques, passant de l'hypothèse à la solution presque instantanément. Ils sont en mesure de traiter simultanément de formidables quantités d'information. Ils semblent recevoir des

« téléchargements » d'information et sont en mesure de discuter de divers sujets sans les avoir jamais étudiés à l'école ou ailleurs. Quelques enfants stellaires savent disparaître pour reparaître ailleurs, ce qui peut être très déroutant pour les parents !

Les enfants stellaires sont aussi doués de conscience multidimensionnelle. Il est facile pour eux de traverser simultanément des réalités multiples et d'en parler avec d'autres. Chez eux, traiter de l'information sur différents sujets s'accomplit sans effort, parallèlement et sans confusion. Ils sont aussi capables de dilater et de comprimer le temps sciemment – ils peuvent en effet étirer ou rétrécir le cours des événements en travaillant intentionnellement hors du temps. Ils savent intrinsèquement que la conscience voyage plus rapidement que la lumière et utilisent leur conscience pour fausser les relations temporelles à leur guise.

Les enfants stellaires ont une conscience environnementale développée, ils s'intéressent de près aux conditions planétaires. Sur le plan physique, leur tête est plus grosse que la normale. En raison de cette particularité, ils naissent souvent par césarienne. Leur température corporelle est systématiquement basse. Au lieu d'une température normale de 37,5 °C, celle des enfants stellaires se situe à 36 °C, ce qui indique que leur métabolisme consume plus lentement l'énergie corporelle. Leur système immunitaire est robuste et, dans des circonstances normales, ces petits jouissent d'une bonne santé. Malheureusement, lorsque leurs dons ne sont pas reconnus, certains sombrent dans la dépression ou manifestent des maladies physiques traduisant leur malaise.

## Trevor

Trevor fut l'un des premiers enfants stellaires avec qui j'ai travaillé. Il présentait le système énergétique d'un enfant stellaire, en plus d'un champ d'énergie cristallin très large. Ses caractéristiques le classaient d'ailleurs dans la catégorie que je nomme « les silencieux magnifiques ». À l'époque où j'ai travaillé avec lui, je ne connaissais pas encore les particularités qui démarquent ces enfants (et j'ignorais que ces traits pouvaient s'associer pour créer des situations uniques.) Depuis, mon expérience m'a enseigné qu'il s'agissait d'un phénomène particulier à l'évolution accélérée que nous vivons actuellement. Nombreux sont les enfants qui ne correspondent ni à une catégorie ni à l'autre. Néanmoins, il existe des traits primaires dans des groupes spécifiques.

La famille de Trevor lui apportait un excellent soutien, parce qu'il faisait montre d'un remarquable mariage de dons. En précurseurs de l'humanité, les parents de Trevor ont instinctivement cherché des méthodes alternatives pour aider leur garçon. Trevor avait alors neuf ans. Il communiquait, sans l'ombre d'un doute, de manière multidimensionnelle. Il ne s'était mis à parler qu'à l'âge de trois ans et seulement par bribes de phrases. Même à neuf ans, il éprouvait toujours des difficultés de langage. Depuis sa tendre enfance, il communiquait par télépathie. À l'époque, sa maman ne comprenait pas ce qui se passait, mais elle a vite pigé ! Grâce à cette télépathie et parce que ses parents l'avaient toujours considéré comme évolué spirituellement, Trevor n'avait jamais eu besoin de faire appel au langage oral. Ses parents l'avaient encouragé à parler seulement pour qu'il parvienne à fonctionner sur le plan terrestre.

À mesure qu'il grandissait, bon nombre de personnes ont tenté de persuader ses parents qu'il était autiste. Ni le père ni la mère n'admit ce diagnostic, car ils savaient bien que les singularités chez leur rejeton n'étaient pas dues à l'autisme. Trevor évoquait souvent la vie sur une autre planète où tout est beaucoup plus confortable. Il disait que, lorsqu'il y vivait, les gens ressemblaient « à l'énergie et à la lumière de Dieu ». Il poursuivit en disant que les gens volaient tout le temps et qu'ils était pleins de douceur et d'amour. Trevor dit à ses parents que son corps terrestre était inconfortable et pénible à habiter, car il était trop contraignant. Il avait hâte de pouvoir encore voler et en rêvait souvent. Ses parents tentaient de plusieurs manières de l'aider à se sentir plus à l'aise dans son corps. Ils firent appel à des chamanes, qui leur enseignèrent à voyager consciemment (« voyager » signifie faire passer sa conscience hors du corps, parfois dans un but spécifique ou pour obtenir une réponse précise.) Les chemins chamaniques sont vastes et divers, ils empruntent plusieurs sphères de réalité. Trevor et ses parents ont appris à explorer l'univers ensemble. Ils adoraient ces aventures !

La famille de Trevor concevait sa différence sous un jour holiste. Ils ont travaillé ensemble avec des guérisseurs alternatifs et d'autres personnes, afin d'être ainsi à l'écoute les uns des autres dans tout ce qu'ils vivaient. Lorsque Trevor avait quinze mois et qu'il ne pouvait pas encore ramper, ses parents l'emmenèrent chez un chiropraticien appliquant des méthodes douces.

Après la première visite, le petit s'est mis à ramper et à marcher seul. Ils ont également fait appel à un chiropraticien neurologue très progressiste, qui se servait de la kinésithérapie. Comme chez plusieurs autres familles, les parents consultaient Trevor avant toute visite chez un thérapeute. Ils souhaitaient que l'enfant soit à l'aise et qu'il puisse participer au travail. C'est un élément décisif. (Songez à William, cité au chapitre 3. Il appelle les thérapeutes avant d'orienter sa mère vers eux ; et il leur envoie aussi ses amis, s'il sait que ceux-ci sont mûrs pour certains types de travail. C'est ce qui se passe avec ces enfants remarquablement doués. Ils sont à des années-lumière de nous, qui sommes dépourvus de ces dons !)

Les parents de Trevor faisaient divers exercices avec lui, comme la *Brain Gym* (gymnastique cérébrale). Ils s'efforçaient de trouver des méthodes amusantes qui permettraient à leur enfant d'assimiler de nouvelles aptitudes physiques et de devenir plus fort. Ils faisaient les exercices deux ou trois fois par semaine pour éviter que cela ne devienne trop fastidieux. Avec sa famille, il faisait aussi du yoga et prenait des leçons d'équitation, ce qu'il adorait. Il n'a jamais fait de compétition équestre, mais prend son temps et en savoure chaque instant.

Trevor a raconté à sa famille plusieurs de ses vies antérieures, dont la plupart se sont avérées très traumatisantes. Lorsqu'il en parlait, on avait l'impression qu'il les revivait. C'est avec des sentiments intenses qu'il en narrait les détails, comme si, à l'évocation du souvenir, son âme lui faisait mal. À l'instar d'autres enfants décrits dans cet ouvrage, Trevor avait de nombreux visiteurs nocturnes qui n'étaient pas toujours sympathiques. C'était peut-être des gens qui venaient de mourir – comme si Trevor était une sorte de conduit entre notre monde et l'univers des esprits. Il affirma qu'il voyait d'abord la personne décédée, puis les anges qui venaient l'escorter vers l'univers des esprits. Lorsque les parents de Trevor lui ont demandé ce que les esprits voulaient obtenir de lui, il leur répondit simplement que ceux-ci avaient apparemment besoin de réconfort et de soutien moral avant de continuer leur route. Ses parents lui ont finalement enseigné à s'en protéger en se servant de la lumière Source et lui ont suggéré de choisir ceux qu'il trouvait acceptables.

La méthode a très bien fonctionné pour lui. L'enfant a également expliqué à ses parents que, juste avant de venir sur Terre, Jésus lui avait conseillé de faire très attention à son corps. Ses guides esprits ont choisi ses parents parce qu'ils savaient qu'ils prendraient parfaitement soin de lui. (À maintes reprises, l'auteure a entendu parler d'enfants qui informent leurs parents de la raison pour laquelle ils les ont choisis. C'est une tendance apparemment courante chez les enfants du présent.)

Par une journée d'été, Trevor informa ses parents qu'un chien était entré dans la cour pendant la nuit. Il expliqua qu'il avait « volé » jusqu'au rez-de-chaussée et était sorti pour être avec le chien. L'animal était mourant et souffrait énormément, alors Trevor a demandé au chien s'il pouvait poser la main sur son corps pour l'aider. Le chien répondit que oui (« mentalement », précise Trevor). Le garçon posa la main sur le corps du chien et celui-ci le remercia d'avoir apaisé sa douleur. Puis, les anges sont venus et ont ramené le chien vers l'univers des esprits. C'était la première excursion de Trevor en compagnie d'un chien ; en revanche, ses nuits sont souvent remplies de vols et d'autres expériences surnaturelles.

Les parents de Trevor ont exprimé ce que tant d'autres dans leur position font savoir : qu'ils se sentaient isolés à cause de leur expérience avec un enfant exceptionnel. Après tout, le fait de dévoiler leurs aventures insolites leur attire parfois l'exclusion, ou pire. Les parents qui vivent une telle situation ont soif de partager leur vécu avec d'autres. Il y a plusieurs années que j'ai parlé avec la famille de Trevor. Aux dernières nouvelles, le petit souffre toujours de sautes d'humeur extrêmes et, à l'occasion, lutte encore contre la peur dans son corps et contre certaines choses qu'il peut voir, notamment des êtres qui s'intéressent à lui. Par contre, il est devenu plus « présent » aux autres. Bravo aux parents de Trevor ! Voilà deux excellents exemples de parents flexibles et créatifs, qui se soucient véritablement des besoins exceptionnels de leur fils.

## John Everett

Au fil des ans, j'ai visité des lieux qui ont beaucoup contribué à ma pratique et qui l'ont fait progresser. D'habitude, quand j'y retourne, mon agenda est plein à craquer et j'ai une liste d'attente.

Certains viennent régulièrement et d'autres en sont à leur première visite. Un soir, j'attendais un dernier rendez-vous, pris par une personne qui m'avait mise au courant de la situation du client. Je devais travailler avec un garçon d'environ sept ans. John Everett et sa maman, Francine, arrivèrent à l'heure convenue. Ne sachant pas à quoi s'attendre, Francine était un peu nerveuse. John Everett portait un pyjama rouge. Chétif pour son âge, il avait une peau de soie qui conférait à son petit visage une impression de perfection. Il avait des cheveux brun clair et affichait une vague expression de défaite. « Pourquoi ? » me suis-je demandé.

Petite vision vêtue de rouge, John Everett portait un livre presque aussi gros que lui. Cet ouvrage, de cinq centimètres d'épaisseur, traitait d'avions militaires ; le genre d'ouvrage que l'on s'attendrait à retrouver sur une table basse. Il y semblait très attaché et ne s'en départit pas en s'asseyant sur le canapé. Francine parlait sans relâche des enfants indigo et d'un livre qu'elle avait lu à leur sujet. On lui avait dit que John Everett était un indigo, et elle s'était organisée pour que le directeur et le personnel de l'école de John Everett aient tous un exemplaire du livre en question, afin qu'ils comprennent les enfants doués (Bien joué, maman !) Toutefois, Francine était inquiète du piètre rendement scolaire de son fils, malgré son intelligence manifeste ; elle était certaine que quelque chose n'allait pas chez lui. D'après ce que j'ai cru comprendre, elle désirait que son fils se surpasse. Ses intentions étaient bonnes, mais à mon sens, il était évident qu'elle faisait trop pression sur son enfant – du moins, c'est ce que j'ai tout d'abord cru.

A priori, John Everett ne souhaitait pas particulièrement se confier à moi parce qu'il ne me connaissait pas. Dès le début de la séance, j'ai remarqué que Francine posait une question à son fils, puis qu'elle répondait à sa place. Cela semblait exaspérer le petit, et je dois reconnaître que cette exaspération était contagieuse ! John

Everett n'avait pas grand besoin de parler. Pour établir un rapport avec lui, j'ai fait mine de m'intéresser à son livre sur les avions. Je lui ai dit que mon père faisait partie de l'armée de l'air et que je ne me souvenais pas du type d'avion qu'il pilotait. Le visage de l'enfant s'est illuminé, comme un soleil. Il a ouvert le livre précisément à la bonne page et s'est mis à débiter les caractéristiques de l'appareil que mon père pilotait. Puis, il s'est lancé dans une comparaison entre cet avion et d'autres types d'appareils plus anciens ou plus récents. C'était stupéfiant. John Everett connaissait chaque type d'avion en détail – leur construction, leur système hydraulique et leur mécanique, en passant par les défauts et les atouts de chaque appareil. On aurait dit une encyclopédie vivante sur les avions. Mais ce n'était que le début.

J'ai détourné la conversation pour aborder l'école et ce qu'il y vivait. J'ai bien vite compris que John Everett n'était pas particulièrement intéressé par la question ; je lui ai demandé pourquoi. Au lieu de répondre directement, le garçon se tourna vers sa mère : « Maman, si on te faisait passer un examen sur tout ce qui s'est passé depuis ta naissance, saurais-tu répondre aux questions ? Ça t'intéresserait ? Après tout, tu as vécu toute une vie depuis ! » Sa mère eut l'air vaguement perplexe ; il fallut un petit moment pour déchiffrer ce qu'il lui avait demandé.

Au moment où j'ai moi-même compris, John Everett poursuivit : « Voyez-vous, à l'école, les professeurs nous suggèrent de lire des textes, ils nous enseignent plein de choses. Mais par la suite, j'apprends beaucoup plus que ce qu'ils peuvent me raconter ; c'est comme si je vivais plusieurs vies par semaine. Et les professeurs s'attendent à ce que je revienne en arrière pour me souvenir de tous ces petits détails qui n'ont plus d'importance, car je suis à des années-lumière de là. Naturellement, je les apprends à la hâte. Pour moi, ces examens n'ont pas de sens, c'est une perte de temps !

Je sais déjà tout ça ! » Hum. Je commençais à voir que l'enfant était un prodige incompris. Sa mère avait peut-être raison. J'ai entamé la conversation sur ces choses qu'il apprenait et qui avaient beaucoup plus d'importance que son travail scolaire. En discutant, John Everett décida de s'allonger sur la table, il avait consenti à ce que je travaille sur lui. J'ai accédé à son champ énergétique et tout de suite, il m'apparut évident que cet enfant était un petit chef-d'œuvre réglé avec précision et qu'il y avait peu de travail à faire. Son champ énergétique, qui vibrait à une fréquence très élevée, avait à peine de variations. C'était limpide et intense. Il n'est pas rare que les champs énergétiques des enfants stellaires présentent les caractéristiques de l'énergie cristalline ; John Everett ne faisait pas exception.

Pendant le travail, nous bavardions et notre conversation se tourna vers des thèmes plutôt extraordinaires. Bientôt, nous étions plongés dans une discussion sur la réalité multidimensionnelle, les trous noirs, les réalités et univers parallèles, les relations harmoniques, les trous de vers, etc. Il évoquait tous ces phénomènes avec la précision de quelqu'un qui en a fait l'expérience personnellement. L'envergure de ses connaissances était sidérante, même pour moi. Sur chaque sujet, il faisait montre d'une assurance et d'une facilité étonnantes. J'ai bien vite compris que John Everett s'ennuyait, tout simplement.

Il n'avait personne avec qui échanger. Personne ne pouvait discuter avec lui de son univers, alors il se taisait, laissait sa mère parler tandis qu'il poursuivait son processus d'apprentissage et ses voyages multidimensionnels. J'étais plus qu'enchantée.

De toute évidence, John Everett était un enfant stellaire ; j'étais fascinée. Peu de gens sont en mesure de partager avec moi les expériences insolites que j'ai vécues. J'ai expliqué à Francine que John Everett avait simplement besoin d'être entendu par des gens en mesure de le comprendre – même s'il fallait pour cela qu'on l'invite à des réunions de clubs universitaires et à des cours de haut niveau, cours d'astronomie ou sur n'importe quel sujet qui l'intéresse. John Everett est capable de traiter simultanément des quantités formidables de données et de les combiner ; ses domaines d'intérêt se multiplient de manière exponentielle. J'ai suggéré à Francine d'encourager son fils à socialiser davantage dans des domaines qui lui profiteraient ; il faudrait également rassasier son immense désir d'apprendre des choses nouvelles. John Everett s'intéressait surtout aux sciences ; j'ai donc suggéré à Francine quelques organisations avec qui prendre contact.

Quand je lui avoué que, en toute franchise, tout allait bien chez son fils, elle a semblé vaguement étonnée, car elle était incapable de mesurer l'envergure de l'intelligence de John Everett. C'est un véritable défi que d'avoir un tel enfant ! S'ils demeurent incompris, ces petits ne développeront pas leur douance et seront plutôt perçus comme déficients. Par le fait même, on leur porte une attention qui ne leur permet pas de s'épanouir ni de se sentir appuyés ; on s'attarde plutôt à la dysfonction dont on les a affublés. Leur identité se confond avec cette étiquette ou ce diagnostic. Dans un tel cas, l'enfant stagnera dans la misère sociale. J'ai senti que si je pouvais éclairer sa mère sur les particularités de John Everett, alors elle les comprendrait mieux. Comme je ne la connaissais pas avant cette séance, j'ai pris grand soin de ne pas lui faire peur en poussant trop loin les limites de son entendement. À mon avis, le fait d'étiqueter une personne finit tôt ou tard par la définir, si bien que son épanouissement n'est plus possible ; je me suis donc refusée à accoler une étiquette spécifique à John Everett. J'ai lui expliqué avec prudence et en choisissant judicieusement mes mots le phénomène des enfants du présent, en lui décrivant les aptitudes de son fils et leurs causes. Au fil de la discussion,

Francine se détendit et comprit peu à peu que John Everett n'était pas du tout dysfonctionnel ; à vrai dire, il était plutôt « hyperfonctionnel ». Personne n'avait songé à lui demander où il en était dans son apprentissage, car ses aptitudes n'étaient pas conformes aux normes sociétales. On l'accusait d'être paresseux, alors qu'il perdait son temps face au niveau d'intelligence des gens de son entourage.

Récemment, j'ai eu la chance de rendre visite à John Everett, devenu un beau jeune homme au regard qui vous emporte vers des lieux infinis. Il travaille à des inventions ingénieuses et il évolue sans cesse. Après que Francine l'ait retiré de l'école publique, il s'est mis à progresser formidablement dans ses études, parce qu'on ne le retenait plus. Francine a fait un boulot fantastique ; non seulement a-t-elle identifié les besoins de son fils, mais elle a trouvé du soutien pour elle-même.

John Everett n'est que l'un de ces enfants que j'ai rencontrés. Ils sont si remarquablement brillants que peu de gens peuvent les suivre. Certains vivent isolés dans leur conscience pendant si longtemps, qu'ils s'égarent dans leur prodigieuse intelligence. Pourtant, ils ont tant à offrir !

## Steven

Notre ADN, ce matériel génétique responsable de notre apparence et de nos aptitudes, contient une foule d'informations et de souvenirs provenant de tout ce qui nous a précédé. Cette information se traduira à son tour en mémoire cellulaire. Celle-ci recèle des données ancestrales véhiculant des schémas de comportements.

L'information contenue dans notre ADN, et par conséquent, dans notre substance cellulaire, se transmet par notre expérience terrestre. Quelques personnes ont le souvenir cognitif d'existences antérieures. D'autres ont des maux ou des douleurs physiques sans cause apparente, quoique bien réels. Les souvenirs de vies antérieures conservés dans le corps sont tout à fait tangibles, de même que les symptômes qu'ils provoquent. C'est pourquoi les enfants stellaires souffrent souvent de maux étranges pour lesquels la communauté médicale n'a pas vraiment de diagnostic définitif. Leur corps porte le souvenir de conflits ou de blessures anciennes tout aussi directement que leur génie se manifeste. Les enfants souffriront de douleurs, de fièvres, de malaises, de dépression, du mauvais fonctionnement des organes ou d'autres symptômes déroutants. Voici l'un de ces enfants, que je nommerai Steven.

La maman de Steven me l'a amené parce qu'il avait des problèmes de santé. Le petit périclitait et était dépressif. Il souffrait de maux de tête extrêmes et d'un malaise général auquel il ne pouvait échapper. Comme John Everett, il était doué d'une intelligence remarquable, et les gens ne le comprenaient que difficilement, parfois pas du tout. Il se sentait exclu de sa famille, du groupe d'amis et à l'école. Le père de Steven avait remarqué son intelligence supérieure et le poussait constamment, exigeant de lui la perfection. C'était trop de pression pour le petit.

En discutant avec la maman de Steven, j'ai conclu que toute la famille était en cause. La mère avait des dons intuitifs particuliers ; elle et ses enfants souffraient de problèmes médicaux étranges et graves. J'ai compris peu à peu que la famille présentait les traits des semences stellaires et des générations consécutives d'enfants stellaires.

Lorsque j'ai commencé à travailler avec Steven, j'ai remarqué que son champ d'énergie était comme siphonné ; j'en ai recherché la cause. Pendant un moment, je fus incapable de la voir ou de la sentir. Les diverses couches d'énergie du garçon étaient toutes, les unes après les autres, hors de l'ordinaire. Son champ d'énergie n'était pas harmonieux, il présentait des blocages d'apparence bizarre un peu partout. Ceux-ci restreignaient une partie de la communication dans le champ énergétique de Steven ; de plus, cette communication suivait un schéma que je ne reconnaissais pas. Une couche à la fois, j'ai effectué des rectifications et le champ d'énergie s'est peu à peu harmonisé. Les blocages se sont dissipés et l'énergie s'est mise à circuler plus normalement.

En travaillant sur la tête de Steven, j'ai été guidée vers ses oreilles. Il y avait une petite bosse au milieu du cartilage de l'oreille. D'après les tracés de l'acupuncture, cette région est associée à la glande pituitaire, à la thyroïde et au cerveau, tous responsables des mécanismes de régulation dans l'organisme. Ce renflement donnait l'impression d'être une sorte d'implant. En général, le travail sur les points d'acupuncture permet de dégager l'énergie bloquée. Dans le cas présent pourtant, cette région de l'oreille absorbait l'énergie lorsque je tentais d'y travailler. Cet endroit donnait l'impression d'être en dissonance avec l'équilibre du champ énergétique de Steven et de son corps physique ; et la masse ne diminuait pas à mesure que je travaillais sur elle. Je savais que c'était là la cause des maux de tête de Steven.

Peu importe ce qu'était cette chose, elle était en dissonance avec le garçon et provoquait chez lui une douleur physique. J'ai travaillé encore un peu sur cette région en y faisant quelques modifications sur le plan harmonique et j'ai enseigné à sa mère à faire les mêmes gestes à la maison. Mais j'étais toujours persuadée de n'avoir pas encore découvert la cause véritable des problèmes de Steven ; j'ai donc poursuivi mes investigations. Enfin, j'ai trouvé.

Chacun de nous est entouré d'un champ d'énergie, semblable à un cocon chaud qui agit comme barrière et qui sert d'interprète entre nous et l'ensemble de la création. Ce champ décode les messages entrants pour que notre conscience puisse les traduire en connaissances intelligibles. Parallèlement, ce que nous vivons, pensons et ressentons sera également traduit extérieurement sous forme d'énergie raffinée se diffusant vers toute la création.

D'une certaine manière, ce champ qui nous entoure nous maintient en tant qu'êtres manifestes. Les infimes particules qui nous constituent sont étroitement liées en organisations harmoniques dans notre champ environnant. Quelques personnes parviennent à en percevoir une partie ; c'est ce qu'on appelle l'aura.

Les dimensions de ce champ externe dépendent de notre résonance harmonique au sein de la création, ainsi que de nos états physiques, émotionnels et spirituels. Si nous ne sommes pas en santé, notre champ environnant se contracte ; il reste près du corps pour préserver l'énergie. Lorsque nous sommes en pleine forme et centrés au cœur, notre champ se déploie pour devenir immense et communique plus facilement avec notre environnement.

Le champ de Steven était marqué d'une étrange anomalie. Tout en haut de celui-ci, directement au-dessus de la région de son cœur, il y avait une excroissance inhabituelle, semblable à une cicatrice. Cette excroissance était de nature parasitaire et siphonnait la force vitale de Steven. Pour tout dire, je n'avais jamais rien vu de tel. Le travail multidimensionnel sur un système d'énergie permet d'accéder techniquement à tous les antécédents du patient, dans toutes ses existences. Cette excroissance en particulier était d'origine ancienne et intergalactique, elle était un peu comme le poisson-pilote qui s'attache aux baleines ou aux requins. Or, les poissons-pilotes sont généralement en symbiose avec les baleines ou les requins parce qu'ils leur rendent service en leur nettoyant la peau. Dans le cas de Steven, cet intrus ne lui était pas salutaire. Pour tout dire, il lui volait sa force vitale. La région touchée dans le champ de Steven s'était épaissie et l'énergie n'y circulait plus. Au centre de cette zone épaisse, il y avait une région sombre présentant une énergie curieuse – une force vitale différente de l'énergie douce de Steven.

Je n'ai d'abord pas su comment traiter ce problème et j'ai avoué mon embarras à la mère du garçon. (Le travail de guérison interdimensionnel diffère grandement des autres formes de thérapie énergétique. Chaque personne a des antécédents propres, donc chaque séance est unique et constitue un apprentissage.) J'ai expliqué à la dame qu'il me fallait un peu de temps pour mettre de l'ordre dans les renseignements que je captais et pour déterminer le sens de ce que je percevais. J'ai travaillé avec Steven pendant plusieurs semaines, observant cette excroissance et tentant de ressentir ce qui se passait. Pour finir, j'ai été en mesure de vaincre ce parasite. Après la rectification énergétique, Steven s'est rétabli de manière miraculeuse. Ses maux de tête disparurent et son niveau d'énergie s'est normalisé. Quelques autres de ses problèmes se sont aussi réglés. Stupéfiant.

J'ai remarqué que plusieurs des enfants stellaires souffrant de problèmes divers ont généralement des parasites ou des blocages de leur système énergétique. Les enfants stellaires n'ont bien sûr pas toutes ces excroissances, mais s'ils sont atteints de maux mystérieux, il est conseillé d'examiner divers aspects de leur anatomie, dont les aspects éthériques.

## Craig

Les enfants stellaires ont de fortes affinités avec les extraterrestres ou les visiteurs d'autres univers. Un beau jour, je me rendais à une conférence, et la fille de l'un des autres présentateurs devait venir me prendre à l'aéroport. Elle était accompagnée de son fils. Appelons-le Craig. Le petit était installé dans un siège d'enfant sur la banquette arrière de la voiture. Menu, le bambin de six ans avait les cheveux bruns et de grands yeux sombres où transparaissaient sa vivacité et son intelligence. Il fut d'abord intimidé par ma présence, car sa mère me présenta comme étant le Dr Meg. Il croyait que j'étais médecin et cela l'impressionnait. Le parcours devait prendre environ une heure et demie et, pendant le voyage, Craig s'enhardit peu à peu et se mit à me raconter des rêves qu'il faisait. À mon sens, les rêves en question ressemblaient à des cas classiques d'enlèvements par des extraterrestres. Il avait vivement conscience de présences autres – même dans la voiture, Craig nous avoua que ces êtres volaient dans le ciel alors même que nous discutions. Sa maman scruta les cieux du regard, mais avoua qu'elle ne voyait rien. Craig réagit en affichant clairement son impatience, déclarant qu'elle « ne regardait pas assez rapidement ! » J'ai tout de suite compris que Craig faisait appel à son don de vue éthérique et qu'il percevait les choses de manière multidimensionnelle. Je me suis accordée à lui et j'ai pu les apercevoir aussi. « Ils » sont certainement « là-haut ».

Les enfants stellaires sont des êtres miraculeux. Nantis de dons intellectuels et extrasensoriels, ils reconnaissent également l'importance de leur connexion spirituelle à la Source et à l'ensemble de la création. Ils partagent certaines révélations spirituelles et se plaisent à explorer les liens entre les aspects physiques, métaphysiques et spirituels de l'existence. Les enfants stellaires sont fréquemment animés d'un désir inné d'aider les gens à réaliser leur potentiel le plus élevé. Les enfants stellaires cherchent aussi à améliorer le monde. Ils s'efforcent d'apporter la paix par leur compassion et leurs gestes bienveillants. Ils travaillent à guérir la Terre et sentent les énergies planétaires. Quand on veut bien les écouter, ils adorent nous parler de notre famille dans les étoiles. Grâce à leur intelligence et à leur compréhension de l'univers, ils seront bientôt en mesure d'apporter au monde des technologies inédites et passionnantes. Celles-ci seront en symbiose avec la planète et produiront des avancées formidables contribuant au bien-être de l'humanité.

Les enfants stellaires ne sont pas des phénomènes étranges, ils font partie du processus évolutif normal. Ce sont les précurseurs d'autres êtres encore plus évolués sur le plan intellectuel. Il faut donner à ces enfants tout ce qui leur est nécessaire pour alimenter leurs énormes capacités mentales. Il faut leur accorder les soins dont ils ont besoin pour sustenter leur corps fragile. Surtout, il faut comprendre que les choses qu'ils évoquent ne relèvent pas de la science-fiction, mais qu'elles dévoilent une réalité plus vaste, qui fera un jour partie de notre conscience ordinaire, qui participera à notre technologie et à notre vie même.

*Chapitre 7*

# LES CARACTÉRISTIQUES DES ENFANTS STELLAIRES

- Ils sont doués d'une remarquable intelligence et sont le plus souvent versés en sciences. Ils sont très sensibles à leur environnement.
- Ils sont extrêmement sensibles aux énergies et aux émotions d'autrui.
- Ils sont plus petits que la moyenne des enfants de leur âge.
- Ils font montre de facultés extrasensorielles amplifiées.
- Ils sont capables de maîtriser les champs d'énergie subtile à l'intérieur et autour du corps (bioénergétique).
- Ils sont capables de se servir des forces terrestres et cosmiques pour guérir.
- Ils sont doués pour la communication télépathique et intuitive avec les gens et avec la conscience Source.
- Ils produisent un effet sur les appareils électroniques ou électriques, qui parfois se mettront à mal fonctionner.
- Ils peuvent communiquer mentalement (télépathie).
- Ils sont capables de prédire l'avenir (prescience).

- Ils peuvent déplacer des objets en modifiant leur rapport à la réalité (télékinésie).
- Ils peuvent voir des objets à distance ou dans le temps (voyance à distance).
- Ils peuvent « télécharger » de l'information provenant de réalités non locales.
- Leur intuition est pénétrante – ils « savent » tout simplement les choses, sans qu'on les leur dise.
- Ils sont capables d'influencer les autres à distance par télépathie.
- Ils « lisent » les champs énergétiques des personnes pour connaître ainsi leur état de santé, leurs intentions, leurs motivations, etc.
- Ils sont capables de diagnostiquer la maladie ou une dysfonction dans les champs énergétiques d'autrui.
- Ils sont en mesure d'effectuer des guérisons extrasensorielles ou bioénergétiques.
- Ils sont capables de se déplacer ou de déplacer un objet d'un lieu à un autre par le mental (téléportation et télékinésie).
- Ils peuvent s'élever du sol et défier la gravité (lévitation).
- Ils sont capables de travailler hors du temps pour accélérer le cours des événements (ou inversement, pour les ralentir à l'extrême).
- Ils sont réceptifs aux tremblements de terre ou autres cataclysmes imminents.
- Ils sont doués d'une conscience multidimensionnelle.
- Ils peuvent voyager « hors du corps » (projection astrale) et ouvrir leur conscience pour permettre à des êtres éthériques de s'exprimer par leur voix (channeling).
- Ils ont souvent une conscience partagée avec un guide visiteur des étoiles.

- Ils fonctionnent en maintenant un lien psychique étroit avec leurs guides des nations stellaires et peuvent invoquer la présence physique de ces guides et d'autres gardiens, et s'y relier.
- Leur système immunitaire est robuste (ou inversement, ils sont affligés de maux mystérieux dépourvus de causes physiques apparentes.)
- Leur température corporelle est plus basse que la moyenne.
- Ils ont une apparence et une personnalité dynamiques.
- Ils dégagent une forte autorité.
- En vieillissant, ils paraissent plus jeunes que leur âge (à l'instar des semences stellaires adultes).

## *Chapitre 8*

# LES ASPECTS PARALLÈLES : ENFANTS DE LA TERRE ET DES ÉTOILES

*Je préférerais être de retour en Atlantide. J'étais heureux là-bas. J'aime bien y retourner parce que quand je sors de mon corps physique, je suis libre ! Je peux courir, voler, je peux devenir n'importe quoi, je peux aller là où je veux !*

– William, 11 ans

Certains aspects, ou parties de nous-mêmes résident dans d'autres sphères de réalité. Un peu comme les pétales d'une fleur, ces aspects sont tous un peu différents les uns des autres, mais ensemble, ils forment un tout merveilleux, complexe et infini – l'être que nous sommes dans la création. Si l'on retire un seul de ces pétales, la fleur se déséquilibre, il lui manque quelque chose. On peut aussi comparer ces aspects à notre ombre. Celle-ci nous suit partout, mais sa position et son apparence dépendent de la direction et de l'intensité de la lumière. Notre ombre se déplace avec nos mouvements, mais elle n'est pas identique à notre être physique. Notre ombre sera plus longue ou plus courte que nous, elle est parfois plus sombre ou plus claire, mais elle est toujours là. De même, nos aspects ne se ressemblent pas tous, mais chacun nous est vital, à nous et à tous nos autres aspects. S'ils sont fonctionnels et alignés correctement, ils travaillent en harmonie avec nous, mais ils sont à une certaine distance de nous, selon la dimension où ils résident.

Une partie de notre conscience vit des expériences tout à fait différentes de celles que nous connaissons dans la réalité tridimensionnelle ordinaire ; ces expériences influent sur notre identité et notre constitution dans la sphère terrestre.

Nous sommes constitués de couches d'énergie électromagnétique composées de fréquences subtiles – fréquences douées de couleur, de son et de vibration. Prises ensemble, ces fréquences déterminent qui nous sommes et ce que nous sommes. Chaque série de fréquences engendre un aspect et détermine à quel taux il vibrera ; cette vibration décide de la dimension où résidera cet aspect. Normalement, il n'existe pas deux séries de fréquences identiques. Chaque strate, chaque aspect est plutôt en harmonie parfaite avec les aspects au-dessus et au-dessous.

D'un point de vue universel, tous les événements – passés, présents et futurs – se produisent simultanément. Certaines parties de nous vivent présentement des vies antérieures, dans d'autres galaxies ou sphères de réalité, tandis que d'autres parties se préoccupent de payer l'hypothèque ou de ce qui va se passer demain. Certaines parties de nous en sont déjà à demain !

Nos aspects multidimensionnels se constituent de la même manière. Chaque aspect de notre être est une série de fréquences harmonisées différant légèrement d'un niveau à l'autre (voir Figure 6). La totalité de nos aspects détermine qui nous sommes et ce que nous sommes sur les plans énergique et harmonieux, et par rapport

*Figure 6. Exemple d'harmonisation d'aspects normaux.*

au reste de la création. Nous sommes similaires à un gigantesque accord musical, où les tonalités (aspects) produisent, l'une après l'autre, une vibration sonore qui nous est propre. Cet accord combiné est responsable de notre caractère harmonique unique, au point que nous occupons véritablement un espace dans le tissu de la création. En nous harmonisant dans le contexte de la création, nous sommes une partie intégrante et active de tout ce qui existe. Notre constitution harmonique exclusive dicte notre manière d'agir, notre apparence et l'endroit où nous nous incarnons – sur Terre, à une autre époque, dans un autre lieu, ou même sur une autre planète. Notre constitution harmonique régit parfois même nos expériences de vie. D'une certaine manière, chacun de nous représente une « famille de l'âme » entière à lui seul – mais je n'irai pas plus loin sur ce sujet, car il pourrait former à lui seul le thème de tout un livre !

Si nos aspects ne sont pas alignés de manière harmonique, plusieurs problèmes risquent de survenir. Par exemple, si un aspect résidant dans une sphère de réalité proche de la troisième dimension est désaligné ou en dissonance, cela peut nous donner le sentiment d'être déconnectés ou de n'être pas ancrés, entraîner des problèmes de concentration ou une sensation de totale confusion. La gravité des effets de cette dysfonction dépendra du degré de désalignement et des émotions ou circonstances qui l'auront causée (voir Figure 7). Par ailleurs, si les aspects deviennent trop similaires harmoniquement, alors la dysfonction s'installe dans l'un ou l'autre de nos aspects.

Plusieurs facteurs provoquent ce déséquilibre des aspects. Nos aspects vivent parfois des expériences de nature tellement similaire que leurs fréquences s'harmonisent spontanément sur des séries de fréquences très proches. Quand cela se produit, l'ensemble des aspects de la personne se « réharmonise » sur celui qui a changé. Si

*Figure 7. Exemple de fragmentation au sein des aspects. Notez que certaines strates sont vides là où les aspects se sont déplacés. Cela entraîne des trous dans le système de communication énergétique. D'autres aspects ne sont plus connectés du tout, comme celui dans le coin droit supérieur.*

cette réharmonisation est positive, les fréquences de tous les aspects s'élèveront, et tous les niveaux fonctionneront relativement bien ensemble.

En d'autres occasions, un ou plusieurs de nos aspects se dissocieront de notre structure harmonique. C'est ce qui se passe lors de traumatismes graves ou dans des situations que la personne est incapable d'affronter. Cela peut aussi provenir de la maltraitance physique ou émotionnelle, ou du fait d'être victime d'une situation traumatisante. Incapable d'y faire face, la victime refoulera ses sentiments dans de petits compartiments distincts, où ces émotions resteront bloquées sur le plan énergétique. Ces compartiments énergétiques se détacheront ensuite du système d'énergie principal et ne collaboreront plus harmoniquement avec les autres aspects. Cette fragmentation engendre des trous dans l'organisation harmonique, un peu comme une échelle où il manquerait quelques barreaux : pour gravir cette échelle, il faudra lever le pied très haut pour sauter les échelons manquants. Dans ces cas-là, nos aspects se mettent à communiquer de manière analogue ; au bout d'un moment, les aspects fonctionnels abandonnent les aspects isolés. Parfois même, ils passent complètement par-dessus. Du fait qu'une partie de « l'échelle » demeure inaccessible, la communication parfaite entre tous les aspects devient impossible. S'il y a fragmentation, alors la manifestation terrestre (en l'occurrence, nous) présentera des symptômes de mauvais fonctionnement – indécision, incapacité de se concentrer et sautes d'humeur imprévisibles. Notre énergie physique se comporte parfois ainsi. Nous nous sentons enlisés, comme s'il n'y avait aucun développement dans notre vie ; nous avons peut-être aussi l'impression d'être égarés, comme si nous n'avions pas de boussole pour guider nos pas. Mais en vérité, si nous sommes fragmentés, c'est effectivement le cas – nous n'avons plus de repères. Le seul moyen de retrouver la santé, c'est de découvrir les aspects manquants ou récalcitrants et de les réintégrer au tout. Sur le plan éthérique, cela ressemble beaucoup aux poupées russes, qui s'emboîtent les unes dans les autres. Lorsque nous intégrons des aspects, en essence, nous les réharmonisons en une unité fonctionnelle. Ce processus se nomme parfois « rappel de l'âme », comme si les aspects manquants étaient des fragments de l'âme qui s'en seraient détachés.

Les aspects parallèles se produisent lorsque deux aspects distincts d'une même personne deviennent presque identiques sur le plan harmonique, tout en se situant dans deux époques ou deux endroits différents. Les aspects parallèles sont multidimensionnels ; cependant, ils présentent des fréquences tellement similaires que chacun est conscient de l'autre. Imaginez de mener deux existences simultanément et d'être conscient des deux expériences ! Ce serait comme si deux personnes habitaient le même corps (voir Figure 8). Les aspects parallèles peuvent apporter beaucoup à l'intellect, au souvenir conscient, à l'intuition, à la perception extrasensorielle et à la conscience multidimensionnelle. Ils peuvent également contribuer aux souvenirs de vies antérieures. Sans oublier la personnalité d'un tel enfant – il sera sans nul doute plein de surprises…

La présence d'aspects parallèles peut aussi mener à des dysfonctions physiques graves. Selon une loi universelle, il ne peut y avoir deux séries de fréquences identiques au même moment dans la création ; de ce fait, quand des aspects parallèles s'harmonisent trop étroitement, l'harmonisation de l'un ou des deux aspects échouera en partie. Cette rupture se produira sur le plan physique en dernier, car notre nature matérielle est plus dense que n'importe quelle autre partie de notre constitution et, dès lors, elle est la plus lente à réagir aux altérations dans le système énergétique. L'endroit où survient la duplication harmonique déterminera quels systèmes organiques seront touchés.

*Figure 8. Aspects parallèles – deux aspects de la personne qui se sont harmonisés à des fréquences presque identiques, entraînant le mauvais fonctionnement au sein des deux aspects.*

Un phénomène intéressant se produit avec les aspects parallèles. Ni l'un ni l'autre ne peuvent exister normalement. Selon la loi universelle, l'un de ces aspects doit dominer l'autre. Celui qui ne réside pas dans la troisième dimension existe sous forme de conscience, toujours présente, et vit par l'entremise du corps tridimensionnel. Le corps et la conscience tridimensionnels sont capables d'éprouver tout ce que l'aspect parallèle vit. Il y a essentiellement deux séries de conscience qui fonctionnent à l'unisson dans la personne. J'ai découvert que certains sous-groupes des enfants stellaires et cristallins possédaient des aspects parallèles qui sont d'origine intergalactique. (Tous les enfants qui appartiennent à cette catégorie ont environ dix à douze ans lors de la rédaction de cet ouvrage ; la plupart ont onze ans.) Autrement dit, un aspect qui habitait une autre planète – souvent dans un univers parallèle ou dans un autre espace temporel – s'est harmonisé si étroitement avec le soi terrestre que les deux entrent en conflit. Du fait d'être beaucoup plus évolué et capable d'utiliser sa conscience jusqu'à pouvoir maîtriser la réalité, l'aspect intergalactique s'harmonise généralement afin de fonctionner avec l'aspect tridimensionnel. Plus souvent qu'autrement, il ne cherche qu'à survivre.

Les enfants qui possèdent des aspects parallèles souffrent généralement de lourdes invalidités physiques de divers types. Si ces troubles sont variables, l'expérience de ces enfants et de leurs familles présente des éléments communs. Pour la plupart, ils ne veulent ou ne peuvent parler. Ils sont fortement télépathiques et franchissent le temps et l'espace pour atteindre ceux qui peuvent les entendre. Nombre de ces enfants voyagent et communiquent sous forme de sphères. Ils possèdent aussi de formidables facultés de perception intuitive, de conscience multidimensionnelle et de télépathie. Quelques-uns sont même capables de télékinésie. Le côté positif des aspects parallèles, c'est que même s'ils habitent un corps dysfonctionnel, ces enfants sont capables de voyager dans l'espace et le temps ; ainsi, la plupart du temps, ils se sentent libres. Par ailleurs, comme je l'ai mentionné plus haut, l'aspect parallèle apporte une remarquable intelligence et un sentiment d'unicité universelle que l'on rencontre rarement chez l'être humain en général. Ces petits sont de véritables maîtres sur Terre.

Pour corriger un problème d'aspects parallèles, il faut beaucoup de prudence et d'attention. Impossible de simplement les assimiler ou les unifier, car ils seraient susceptibles de s'annuler mutuellement. Il faut plutôt tenter d'instaurer une synergie entre eux. Pour y parvenir, il faudra harmoniser les deux aspects pour qu'ils puissent collaborer nettement et sans anicroche, tout en préservant leur individualité. L'harmonisation s'apparente beaucoup à un accord musical qui, en vertu de l'agencement des notes, produira une troisième série de fréquences nommées harmoniques, ou tonalités implicites. Les harmoniques servent de passerelle pour fermer l'écart entre les deux aspects ; elles permettent la communication entre eux et avec tous les autres aspects chez l'enfant.

L'harmonisation synergique est très différente de l'assimilation, qui survient lorsque les aspects sont simplement harmonisés comme individus. Il existe une catégorie d'enfants doués d'aspects parallèles que j'ai baptisés les silencieux magnifiques. En dépit des difficultés physiques ou des invalidités qu'entraîne la présence d'aspects parallèles, ces enfants sont télépathiques et intuitifs, ce sont des maîtres spirituels qui ont beaucoup à offrir au monde. Et singulièrement, ils ont presque tous onze ans à l'heure actuelle. Ce phénomène ne fait pas de distinctions entre les sexes, des garçons comme des filles ont pris contact avec moi de diverses manières. Cela se fait systématiquement par télépathie et parfois, ils ont recours aux parents pour leur servir de « voix », me téléphoner, m'écrire des courriels ou se présenter. D'habitude, les parents ne me connaissaient pas, jusqu'au moment où le petit leur demande de communiquer avec moi !

Chaque enfant qui s'est présenté s'est par la suite identifié comme étant l'une des sphères. C'est incroyable que ces sphères de conscience qui se sont attachées à mon champ énergétique aient toutes un nom, un visage et une personnalité – pour tout dire, ce sont des enfants et des maîtres bien réels, et de plein droit.

*Chapitre 9*

# LES SILENCIEUX MAGNIFIQUES

*Pour un parent ou pour l'entourage, le plus difficile c'est de surmonter l'idée reçue que l'enfant a l'air cassé et qu'il faut le réparer. Il faut bien comprendre que cet enfant est un être remarquablement doué tel qu'il est ; il ne dégage que de l'amour pur.*

– Karen, mère de Lorrin

Lorsque les enfants se sont mis à communiquer avec moi sous forme de sphères, j'ai d'abord cru que mon imagination me jouait des tours. Par la suite, ils ont établi un contact direct par télépathie, par leurs parents ou en personne, et j'ai dès lors compris que le phénomène était tout à fait réel. Au sein de la catégorie d'enfants télépathes, il y en a quelques-uns que j'ai baptisés les silencieux magnifiques.

Ce sont des enfants incroyables qui, à première vue, paraissent bien loin de la perfection, ils ont l'air dysfonctionnels, du moins de l'extérieur. Or, intérieurement, ils possèdent souvent une beauté dont le message est bouleversant et la vérité va droit au cœur. Les silencieux magnifiques peuvent ou non être des enfants cristallins ou stellaires, ou être issus de l'évolution de plusieurs schèmes énergétiques. Et parfois ce n'est pas le cas. Or, j'en suis venue à conclure qu'ils étaient les précurseurs d'une nouvelle évolution de l'humanité. Leur existence est proche de la conscience pure dans notre monde physique, d'où leur apparence dysfonctionnelle. Leur sagesse et leur pureté de cœur dépasse notre entendement. Ils s'expriment comme si Dieu parlait par eux ; ils interprètent le sens de Ses paroles pour nous.

On nous inculque la notion qu'il faut éviter ceux qui sont différents de nous. Nous nous en détournons, horrifiés, parce que nous ne voulons pas devenir comme eux. Nous détournons le regard, car nous nous sentons mal à l'aise.

Malgré tout, regardez. Si la personne habite un corps qui fonctionne mal, sa conscience ne manque pas pour autant de vivacité et de lucidité. Si vous deviez rencontrer un jour les enfants décrits dans ce livre, vous ne verriez plus jamais un soi-disant handicapé de la même manière. Il faut prêter attention !

Les enfants silencieux sont remarquables. En surface, on dirait qu'ils ne savent ni ne peuvent grand-chose, mais si l'on fait fi des apparences extérieures, on découvre que ce sont des êtres complètement fonctionnels qui ont beaucoup à offrir à notre monde. Leur conscience vagabonde dans l'ensemble de la réalité, en toute liberté, hors de leur corps physique. Ils voyagent vers d'autres époques, vers d'autres lieux et ils gardent un sens de l'humour qui ne cesse jamais d'étonner. Ils communiquent facilement par télépathie. Les gens qui ont connu ces enfants peuvent témoigner d'événements miraculeux, comme nous le verrons plus loin. Les petits enseignent l'amour absolu et pur par le simple fait d'être. Et ils ne demandent rien en retour. Même s'ils semblent être un fardeau pour leur famille ou leurs responsables, les silencieux magnifiques sont de véritables trésors pour notre monde. Ces jeunes sont atteints physiquement pour diverses raisons : mutation génétique, blessures à la tête ou dommages au cerveau, réactions aux vaccins, problèmes congénitaux, entre autres. Même si ce qui les définit diffère d'un enfant à l'autre, les enfants de cette catégorie remarquable partagent des traits communs étonnants.

## William

J'ai promis plus haut de parler davantage de William. Il fut le premier à projeter sa conscience sous forme de sphère pour communiquer avec moi et à se manifester sous la forme d'un enfant en chair et en os. Quand j'ai commencé à travailler avec William, je savais qu'il se passait quelque chose d'insolite. J'ai observé ses champs éthériques et j'ai vu qu'il y avait deux William. Le petit consultait une guérisseuse douée depuis quelque temps, et elle avait perçu le même phénomène. Elle appelait le double de William sa flamme jumelle. (Une flamme jumelle est un être distinct qui vient de la même expression d'énergie originelle. En général, cette flamme se manifeste comme le partenaire idéal, et les deux personnes auront l'impression de former un tout. C'est l'amour parfait !) D'après mon expérience, une flamme jumelle n'est jamais le double d'une personne ; j'ai donc observé et attendu des instructions. L'information que j'ai alors reçue définissait ce double plutôt comme un aspect parallèle, et en outre, d'un caractère intergalactique. Autrement dit, une autre partie de William vivait à une autre époque, sur une autre planète. C'est effectivement très étrange, mais toutefois véridique. (Il est important de noter ici que les silencieux magnifiques ne possèdent pas tous un aspect parallèle. Il ne faut pas croire que, parce qu'un enfant souffre de contraintes physiques, il n'est pas aligné sur le plan multidimensionnel.) William fut le premier à présenter ce phénomène. Enfin, et grâce à l'aide de

William, nous avons été en mesure de réparer ce phénomène en établissant un pont harmonique qui a permis aux deux aspects de fonctionner individuellement, mais tout de même en accord mutuel, en sorte que l'un n'interfère pas avec l'autre. Depuis, William n'a cessé de faire des progrès.

William appartient à cette catégorie des silencieux magnifiques ; au moment où je couche ces lignes, il a onze ans, il ne parle pas et est affligé de problèmes de coordination et de perception spatiale à cause de ses incapacités physiques. C'est cependant un enfant brillant. On lui fait la classe à la maison, et il surpasse déjà sa mère en mathématiques. Au fil de ses progrès, elle se demande comment elle va pouvoir le suivre !

William et moi avons travaillé ensemble à plusieurs reprises et, contre toute attente, son champ énergétique évolue à une vitesse folle. Au début, le champ de William était typiquement cristallin, aux tons chatoyants de toutes les couleurs de l'arc-en-ciel. L'aspect parallèle entraînait des interférences dans ce champ et rendait irréguliers les mouvements de l'énergie. Chaque fois que nous nous rencontrons pour une séance, je constate que le champ énergétique de William devient de plus en plus raffiné. Au moment de rédiger ce texte, son champ énergétique est si lisse, si parfait, que l'enfant est en harmonie avec tout et avec tout le monde. Quelques enfants sont d'une sensibilité si extrême qu'ils développent des caractéristiques pour le moins étranges. Celles-ci sont pourtant indispensables à leur bien-être, parfois même à leur survie. William est si sensible que, la plupart du temps, il ne peut supporter les chaussures ou même les vêtements. C'est un peu exaspérant pour sa famille et les visiteurs qui passent à la maison ! Récemment, il s'est habitué aux vêtements, mais il ne peut absolument pas souffrir de porter des chaussures. Cela s'explique par le fait que la force énergétique qui circule dans son corps est si puissante qu'elle peut être douloureuse lorsqu'elle sort par les pieds. S'il porte des chaussures, ses pieds chauffent et il se sent déséquilibré. Si le garçon sent la terre sous ses pieds, alors il peut plus facilement rester présent consciemment dans notre monde. La maman de William voit d'un œil amusé ses excentricités. Il est notoire que William fait éteindre des lampadaires en passant dessous ; il provoque également d'autres anomalies électriques, comme des pannes de courant dans les édifices. Même si elle perd parfois patience avec son fils, – et c'est tout à fait naturel –, la mère de William a appris à découvrir le côté drôle de ses bizarreries et elle le soutient de manière inconditionnelle.

Depuis qu'il m'est apparu sous forme de sphère, entre deux séances, William communique régulièrement avec moi par télépathie. Il fait irruption dans ma tête aux moments les plus inattendus ; cela donne parfois lieu à des situations cocasses. Récemment, j'étais dans un studio d'enregistrement à New York pour produire un CD de méditation guidée à l'intention des enfants ; la méthode vise à les aider à se libérer de leurs problèmes, de leurs soucis, de leurs craintes, et leur permet de découvrir en eux des sentiments positifs à partager avec d'autres. La méditation emmène les jeunes dans un voyage intérieur de découverte où ils ouvrent des petites cases, au contenu propre à chacune.

J'enregistrais donc une section du CD où j'incitais les jeunes à remplir la « case imagination » avec tout ce qu'ils voulaient (cette case est vide, car l'imagination n'a pas de limites). Comme je suis de type très visuel, je voyais et j'éprouvais littéralement ce que je demandais aux enfants de faire. Soudainement, ma réalité s'altéra, avec cette sensation familière, et du coup, la boîte que je visualisais s'est emplie de grosses grenouilles qui sautaient dans toutes les directions. Je savais que William avait, une fois encore, fait irruption dans ma réalité. En réalisant ce qui se passait, j'ai éclaté de rire. J'ai même laissé cette rigolade sur le CD, car il est ainsi plus amusant pour l'auditeur.

Quand il sent qu'il est prêt à poursuivre la thérapie, William me parle par télépathie. Sa maman est quelquefois déconcertée lorsqu'elle m'envoie un courriel pour prendre rendez-vous et que c'est déjà fait. Mais elle est très ouverte et, il va sans dire, nous rions énormément. Du fait que nos séances ont lieu à distance, lorsque je travaille avec William, je lui demande de participer avec moi sur le plan éthérique. C'est possible parce qu'il a des dons multidimensionnels. Quand il est présent physiquement, les séances de William sont très fructueuses. Le travail avec lui a son côté humoristique. Récemment, je terminais une séance de guérison avec lui ; soudainement, ma « connexion » a été interrompue et mon esprit s'est empli d'images – des petits films de clowns. Une foule de clowns ! Il poussait ces bouffons à me faire des grimaces et à faire des sottises. J'ai éclaté de rire. De toute évidence, William avait décidé que nous en avions terminé pour la journée. Télépathiquement, j'ai répondu que je le savais. D'accord, j'ai compris, William !

Un autre jour, vers la fin de la séance, ma réalité s'est altérée et j'ai vu toute une équipe de gens à l'air bizarre, qui semblaient se trouver dans un vaisseau spatial semblable à la passerelle de l'Entreprise dans Star Trek. Celle que j'apercevais mentalement était un peu plus délabrée. Un être de sexe masculin et de haute stature semblait être aux commandes. J'ai téléphoné à la mère de William après la séance pour lui demander s'il appréciait les films de Star Trek. Sa réponse fut stupéfiante. Elle dit : « Vous voulez dire, le très grand type ? C'est le meilleur ami de William, Ooloo. Il a fréquemment rendu visite à ma sœur en compagnie d'Ooloo. »

William rend souvent visite à sa tante, de la même manière qu'il me rend visite. Il prend aussi contact avec des gens avec qui il voudrait travailler ou qu'il souhaite rencontrer pour les informer de sa venue. Sa télépathie ne se limite pas qu'à moi ; elle se développe sans cesse à mesure que grandit le réseau des gens capables de l'entendre. William me réfère aussi d'autres enfants. Il leur dit s'ils sont prêts pour le travail que je fais. Ses conseils à l'intention d'autres enfants se fondent essentiellement sur l'évolution de leurs champs énergétiques. S'ils ne sont pas assez raffinés, William leur dit d'attendre. Lorsqu'ils parviennent à un stade d'évolution précis, il remet ces enfants entre mes mains.

Sur une note plus sérieuse, dans le cadre de sa thérapie, William et moi avons entrepris ensemble des « voyages » vers son passé et même vers les vies de certains de ses autres aspects. En voici les raisons. Au cours de notre existence, et des précédentes, nous échangeons constamment de l'énergie avec d'autres personnes, d'autres lieux et événements. Chaque fois que nous abordons une nouvelle expérience de vie, nous emportons avec nous tout ce que nous avons été et tout ce que nous avons fait jusqu'à ce moment. Une partie de cette énergie peut être dysfonctionnelle ou abîmée. William décida qu'il devait retourner en Atlantide. Il ne m'a pas donné d'explication ; il a simplement déclaré que c'était important. Il a demandé à sa mère qu'elle s'organise pour que je l'aide à s'y rendre. Au moment prévu, c'est ce que nous avons fait. William connaissait bien la géographie de l'Atlantide et m'a emmenée vers des sites que je n'avais jamais vus lors de mes périples en conscience. J'ai bientôt compris que la vie de William à cet endroit s'était achevée alors qu'il lui restait encore des affaires à régler. Et c'est ce qu'il a fait lors de notre excursion. Le moment où il a parachevé cette tâche qu'il avait attendu des vies pour terminer fut puissant, bouleversant.

Au cours de cette expédition, une fois notre objectif accompli, nous avons eu l'occasion de jouer un peu. Nous nous sommes retrouvés dans un pré longeant une rivière, un pré parsemé de fleurs sauvages. On aurait dit un début de printemps.

William a commencé à courir dans le pré (c'était merveilleux à voir, puisque la marche en ce monde lui est difficile). Il était fou de joie, il me taquinait sur le fait que je n'arrivais pas à le suivre et me rappelait qu'il n'y avait aucune raison, puisque je n'étais pas dans mon corps ! Nous sommes arrivés à une petite maison, tout au bout de la prairie. Puis nous étions à l'intérieur, dans une petite pièce. William affichait une expression de pure révérence et d'amour. J'ai suivi son regard et j'ai vu une femme qui tenait un bébé. J'étais émue, au-delà des mots, au moment où William m'a présentée à sa flamme jumelle, son amour éternel, qui, en ces lieux et cette époque, venait de naître. C'était un bébé magnifique aux yeux d'un bleu limpide, alertes et rêveurs, où se lisait la sagesse des âges. William caressa sa petite main très doucement et je voyais toute l'énergie de son cœur pénétrer celui de la petite avec tendresse. Naturellement, je me suis mise à pleurer. C'était plus que merveilleux. Imaginez – d'être capable de rencontrer votre amour éternel à votre guise dans un autre lieu, à une autre époque.

« Là-bas » les invalidités de William n'existent plus. Il est en pleine possession de ses moyens et très excité d'être libéré de son corps contraignant et défaillant. Les jeux éthériques en compagnie de William sont amusants. Notre aptitude à voyager ainsi est incroyable, notamment parce qu'il habite la Californie et que je vis au Tennessee ! Nous sommes capables de nous entendre comme si nous étions dans la même pièce. Nous avons entrepris plusieurs voyages ensemble, et cette faculté m'émerveille toujours. Avec la pratique, elle devient plus facile.

D'autres enfants se sont présentés de la même manière. C'est pour moi une expérience révélatrice. Au début, j'ai nettement remis en cause mes perceptions. La plupart des gens sains d'esprit ne communiquent pas avec des sphères invisibles et ne les relient pas à des personnes réelles. Mais tout cela est bien réel et se produit encore aujourd'hui. William ne fut que le premier. Ce n'était pas une invention de mon imagination ou un accès de folie – bien au contraire. Les sphères continuent à apparaître et à communiquer ; et au fil du temps, de plus en plus d'entre elles ont un visage, un nom, une famille.

Chaque jour est une péripétie incroyable, et j'en ai eu la confirmation, de suffisamment de parents et d'autres personnes concernées qui ont corroboré mes expériences, pour que la véracité de ces communications ne fasse aucun doute. Certains parents m'ont avoué qu'ils n'avaient jamais entendu parler de moi avant que leur enfant n'établisse le contact entre nous. Et nous découvrons bientôt pourquoi !

## Lorrin

J'étais un jour à Scottsdale, en Arizona, pour la conférence *Celebrate Your Life* (Célébrez votre vie). Je bavardais avec une connaissance, le dos à la salle. Soudainement, un peu comme avec William, ma perception s'est altérée et j'ai complètement perdu le fil de ma conversation. Au même instant, j'ai entendu les mots : « Salut, j'y suis arrivée ! » Il y avait là environ deux mille personnes, mais j'avais une idée assez claire de qui j'allais voir en me retournant. Une merveilleuse petite fille de onze ans se tenait là, avec sa crinière rousse flamboyante et d'immenses yeux bleus ; elle rayonnait littéralement. Elle semblait être, du moins dans sa forme physique, lourdement handicapée. Mais je savais bien qu'il en était autrement.

Lorrin était en fauteuil roulant, à peine capable de bouger les mains ou les pieds. Sa tête pendait d'un côté et, à première vue, on aurait dit qu'elle n'avait aucune conscience de son entourage. Je l'ai abordée en plongeant mon regard dans le sien ; je voyais que Lorrin était en vérité très présente, très consciente et pourtant, captive de sa forme physique. Avec son autorisation, je l'ai touchée tout doucement. Son champ énergétique me semblait baigner dans l'amour liquide. Je lui ai demandé si elle était l'une des petites filles qui me parlaient depuis quelque temps. Ses sourcils s'arquèrent pour dire oui ! Je le savais. Lorrin et moi avons causé un moment par télépathie. Au fil de la conversation, sa mère, Karen, et moi avons bien ri de la situation où sa fille et moi nous trouvions. La maman était formidable. Il était merveilleux de parler avec Lorrin et sa mère. Nous avons échangé pendant une quinzaine de minutes, jusqu'à ce que la foule envahisse les allées, en route vers la prochaine conférence.

Lorrin et sa mère s'en allèrent aussi à une allocution.

Cette nuit-là, je dormais et mes rêves ont été interrompus par un réveil subit. Dressée dans mon lit, ma tête s'emplit d'images de Lorrin. J'ai d'abord cru que je rêvais, mais j'ai constaté que j'étais bien réveillée et assise. Je savais que Lorrin communiquait avec moi. Lors de voyages hors du corps, le temps et l'espace n'existent plus, alors Lorrin ne se souciait aucunement du fait qu'on était au beau milieu de la nuit. La chanteuse préférée de Lorrin est LeAnn Rimes, et son désir le plus cher, c'est de danser joyeusement, telle une ballerine, libérée de son corps contraignant. J'étais désormais tout à fait réveillée et je l'ai littéralement vue danser dans mon esprit. Lorrin remplit mon mental d'images de ses gestes. Elle portait des chaussons de ballerine et se dressait sur les pointes, levait les bras et les bougeait gracieusement telles des ailes légères ; elle remplissait l'espace de ses cabrioles et entrechats. Dans ces visions que m'envoyait Lorrin, il y avait partout des miroirs qui reflétaient son image à l'infini ; on y voyait une créature merveilleuse volant

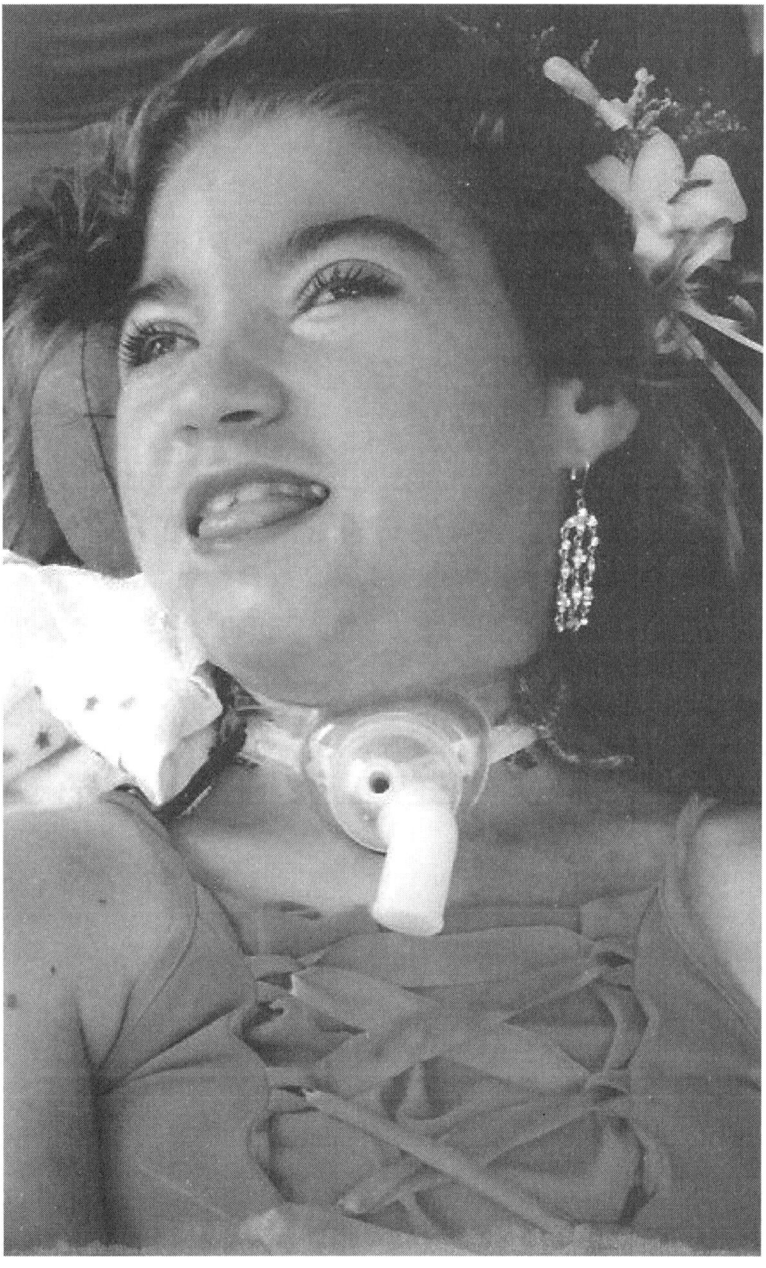

*Figure 9. Lorrin*

au-dessus du sol sans entraves. J'ai ri tout haut ; le spectacle était adorable ! Voilà un autre petit ange sublime avec un grand sens de l'humour ! Quand Lorrin et sa mère sont venues me voir le lendemain, j'ai taquiné la petite à propos de sa visite nocturne. Elle a levé les sourcils affirmativement et a souri. Tout le reste du week-end, mes occupations furent souvent interrompues par des messages télépathiques m'incitant à « venir ici » ou « aller là-bas ». Et chaque fois, j'ai obéi à ces ordres pour me retrouver nez à nez avec… Lorrin ! C'en est même devenu une blague entre sa mère et moi. Nous nous sommes bien amusées ensemble.

Lors d'une autre conversation avec Karen, la maman de Lorrin, nous avons abordé la douance de l'enfant et l'attrait qu'elle exerce sur les gens. Elle rayonne d'amour, de l'intérieur, et est merveilleusement belle dans toute son invalidité. Karen a avoué que le plus difficile, avec un enfant aux dons si uniques, était de surmonter le préjugé voulant qu'elle soit cassée et qu'il faille la réparer. Après tout, ce n'est qu'une apparence, ce n'est que le fonctionnement physique qui est touché. L'intérieur se porte très bien, si seulement les gens pouvaient l'entendre. Karen a par la suite expliqué l'effet extraordinaire que Lorrin exerce sur les gens qu'elle rencontre. Par exemple, trois personnes ont spontanément réussi à cesser de fumer après avoir rencontré Lorrin. Aucun d'entre eux n'avait eu l'intention de le faire avant cette rencontre. Lorrin semble avoir la faculté innée de communiquer et de déclencher certains types de guérison.

Les enfants comme Lorrin nous offrent une leçon d'importance. D'habitude, en présence de circonstances et de personnes qui ne correspondent pas à notre concept de « normalité », nous sommes instinctivement pris de dégoût ou de crainte, car on nous a appris à avoir peur de ce qui est différent. Nous n'avons pas forcément les aptitudes requises pour réagir à ces situations avec aisance et grâce. Les dons qui résident en nos enfants spéciaux sont incommensurables. Ne ratons pas cette occasion !

## Brian

(Note de l'auteur : cette histoire mettra encore davantage à l'épreuve le concept de réalité du lecteur, car elle est tout à fait insolite. Je la cite ici parce qu'elle est inouïe. Les enfants du présent continuent de mettre au défi notre conception de la réalité !)

Le caractère extraordinaire des enfants du présent transcende le temps et l'espace, et touche à des réalités que la plupart d'entre nous ignorent. Cette aptitude à franchir le temps et l'espace sans entrave est bien réelle ; il est absolument fascinant d'en faire l'expérience. Il faut lâcher prise sur tout ce que nous croyions savoir au sujet de la perception et de la réalité – et la démarche est tout à fait légitime. Nous avons beaucoup à apprendre de nos silencieux magnifiques.

Quelques semaines après avoir rencontré Lorrin et Karen en Arizona, je me suis rendue au Minnesota, pour une réunion privée avec de puissants artisans de la lumière. Dès le départ, le voyage a pris une tournure magique. Notre hôtesse, Nancy, m'avait envoyé un courriel pour me demander si je voulais participer à une cérémonie privée aux sources du Mississipi, au lac Itaska. Le moment était bien choisi, car c'était juste après l'ouragan Katrina, qui avait ravagé la côte du golfe du Mexique. Nancy avait réservé un vol pour mon mari et moi-même, et nous nous sommes envolés. Avant de recevoir ses messages électroniques, je ne connaissais pas Nancy, alors j'ai supposé qu'elle avait vu mon nom dans mon bulletin d'information, comme la plupart de ceux qui m'envoient des courriels. C'est l'intuition pure qui m'a emmenée là-bas.

Le lendemain matin après notre arrivée, j'ai entendu quelqu'un qui demandait à Nancy comment elle avait réussi à rassembler un tel groupe stellaire. Nancy répondit simplement que c'était son boulot de rassembler la « famille ». Elle a expliqué que ces réunions de fin de semaine étaient axées sur la guérison et la régénération, pour qu'ainsi nous puissions tous retourner vers notre univers frais et dispos, et partager nos dons. Les autres arrivaient pour le petit déjeuner, et j'ai demandé à Nancy si elle était sur la liste d'envoi de mon bulletin. Non. Ma curiosité était piquée... Son intuition l'avait incitée à me contacter, alors elle l'avait fait, tout simplement. Même si je pressentais qu'il y avait autre chose, j'ignorais où tout cela allait nous conduire ; j'ai donc laissé tomber le sujet.

Pendant des années, j'ai écrit et parlé dans ce que j'appelle le langage de la lumière. Il s'agit d'une langue conceptuelle très puissante pour la guérison et l'enseignement, car elle fait appel à l'énergie pure. Cette langue se compose de symboles vivants qui contiennent des enseignements entiers sur plusieurs niveaux. Parfois, je me surprend même à penser dans cette langue. Je me suis souvent sentie seule avec cette aptitude. Néanmoins, au fil des ans, j'ai fait la rencontre de personnes qui maîtrisent cette langue. Récemment, d'autres personnes se sont mises à acquérir ce don également.

Ce matin-là, à la table du petit déjeuner, j'ai fait connaissance avec le chef Golden Eagle (Aigle Doré, alias, Standing Elk, Élan Debout), de la nation sioux Lakota, ainsi que sa merveilleuse femme, Maria. Golden Eagle et moi-même avons instantanément noué des liens et nous sommes lancés dans une conversation animée qui a abouti sur les symboles. En parlant, il est devenu évident que le chef les connaissait bien. Je lui ai demandé, tout excitée : « Vous comprenez les symboles, vous aussi ? » Sans mot dire, il se leva et se dirigea vers sa camionnette. Il revint et me remit un carnet rempli des symboles mêmes avec lesquels je travaille depuis des années. J'ai allumé mon ordinateur et lui ai montré une série de cartes que j'avais conçues portant les symboles. Nous étions ravis de nous être trouvés l'un l'autre ! Nous avons beaucoup parlé de nos traductions et des différences de positionnement et de direction qui modifient le sens des symboles.

(Les manuscrits de Nag Hammadi dans l'Évangile de Vérité comportent des références aux symboles vivants. Ces documents anciens furent découverts durant les années 1940, dans des urnes d'argile dissimulées dans une grotte, à Nag Hammadi, au bord de la mer Rouge. Ils feraient partie de la bibliothèque gnostique, considérée hérétique à l'époque où ils furent cachés, il y a plus de 2000 ans.)

Le lendemain, Bennie LeBeau (alias, Blue Thunder), encore un être spirituel au cœur chaleureux, arriva pour compléter le casse-tête. (Bennie appartient à la nation Shoshone et passe l'essentiel de son temps à célébrer des rituels fondés sur les formations de la grille et sur les sites sacrés pour guérir la planète. En reliant les réseaux sacrés, Bennie guérit l'eau également ; les sources taries depuis longtemps reviennent à la vie, et l'eau continue de couler bien après que Bennie soit parti. Là où sévissait la sécheresse, pluie et humidité tombent de nouveau en abondance.) J'ai entamé la conversation avec lui et bientôt, nous en sommes arrivés aux symboles. Je ne fus pas surprise d'apprendre que Bennie les connaisse aussi. Le chef est venu se joindre à nous, tandis que Nancy se tenait à l'arrière, un large sourire bien mérité aux lèvres. La raison de nos retrouvailles à cet endroit précis devenait limpide. J'ai parlé de William à Bennie et au chef de nos communications télépathiques et d'autres enfants qui communiquaient aussi avec moi. William m'avait dit qu'il connaissait les symboles, j'ai donc fait un bref compte-rendu de mes expériences avec lui. Nancy a entendu ce que je disais au sujet de l'enfant qui ne s'exprimait pas physiquement, et me saisit soudainement le bras. Elle parlait à une vitesse si rapide que j'avais du mal à la suivre. « Il faut que vous voyiez ce truc. Je croyais que ce bébé était exceptionnel, mais là, je comprends tout. Regardez ! J'ai acheté ceci à une exposition d'artisanat – le grand-père du petit tenait le stand. » Nancy était tout excitée. « Le grand-père a expliqué que l'enfant ne savait pas encore parler et que tout ce qu'il faisait, c'était de tracer ces symboles. Le papi n'en a pas dit davantage ; il était mal à l'aise de parler de son petit-fils. J'ai supposé qu'il s'agissait d'un enfant très jeune, mais aujourd'hui, je comprends ce à quoi ce grand-père faisait référence. » Sur ce, Nancy a retiré du côté de son armoire de cuisine une poterie des plus étonnantes. Elle avait la forme d'une soucoupe et portait des symboles en cercles concentriques autour des bords – le premier cercle était différent du second, à l'intérieur, et ainsi de suite – et au milieu, il y avait un motif en spirale. Aussitôt que je vis cette soucoupe, les sphères de conscience des enfants dans mon champ m'interpellèrent toutes ensemble. Elles étaient très excitées. Elles m'ont dit que ce garçon était perdu et que nous pouvions l'aider. Incroyable ! La vie devenait de plus en plus étrange et exaltante.

Il fallait naturellement prendre contact avec l'enfant qui avait fabriqué cette soucoupe afin de lui parler. Mais cet objet avait été acquis dans une foire, et nous ignorions tout à fait comment retrouver la famille ; il fallait donc recourir à la télépathie. Même si les enfants communiquaient avec moi facilement, je n'étais qu'une débutante. J'étais incertaine de la manière dont les choses se passeraient mais, comme à l'habitude, les événements prirent une tournure extraordinaire. Nous avons délimité un espace où tout le monde pourrait se réunir. J'ai pris la soucoupe dans mes mains, j'ai ouvert ma conscience et soudain, l'information s'est mise à déferler dans ma tête. Le créateur de la soucoupe se manifesta dans mon champ sous forme d'une sphère et se mit à me parler. Nous l'appellerons Brian. J'ai écouté attentivement ce qu'il disait et j'ai transmis ses paroles au groupe.

Nous avons demandé à Brian pourquoi il avait fabriqué cet objet en particulier. Il répondit qu'il l'avait fait parce qu'il savait qu'un jour, la bonne personne le verrait, en reconnaîtrait le message et communiquerait avec lui. Et c'était enfin arrivé ! (Voilà justement l'un des moments de l'existence où il est clair que toutes vos croyances chavirent. La réalité s'étend et il n'y a pas de ceintures de sécurité ; il ne sert donc à rien de s'accrocher pendant l'aventure. L'impulsion vous amènera là où vous devez être !) En tournant et retournant la soucoupe que j'avais entre les mains, j'ai remarqué quelques motifs dans le dessin. Il y avait divers types de symboles, commençant au bord extérieur et se concentrant vers le centre. J'ai tourné la soucoupe entre mes mains et l'aspect parallèle de Brian s'exprima par télépathie. Il me raconta une histoire déconcertante. Il expliqua : « Il faut lire ces représentations de manière holographique. Regardez d'abord les chiffres. » Il se mit à compter les marques et les symboles. Brian décrivit la génétique de « son peuple ». Il déclara qu'une partie du code intégré dans cette œuvre d'argile détaille la structure de leur ADN. Les populations de sa planète possèdent quatre brins d'ADN, comparativement à nos deux brins, et précisément le double des codons génétiques des êtres humains. (Un codon est une séquence spécifique d'un triplet de nucléotides adjacent sur un brin d'ADN ou d'ARN qui fournit l'information du code génétique pour un acide aminé déterminé. Les codons dictent la manière dont notre ADN fonctionne et communique avec l'ARN. Ils régissent le déclenchement et l'arrêt des myriades de processus constamment à l'œuvre en nous. Certaines séries de codons contribuent aussi à des activités anormales dans l'organisme.)

*Figure 10. Vue frontale de la soucoupe d'argile. Sur la photographie, on voit mal que celle-ci est incurvée comme une assiette peu profonde. (Le cliché est une gracieuseté de Nancy Kuhta)*

Brian nous apprit que son aspect parallèle appartenait à la planète Steara. Selon lui, l'ADN des Steariens possède des aspects holographiques qui communiquent un peu comme les cristaux liquides. Ceux-ci génèrent un champ fluide d'énergie au sein duquel la communication est instantanée et pure ; ce champ est capable de contenir des quantités formidables d'information en formats minuscules. À son avis, notre ADN possède les mêmes potentialités que le leur, mais est moins évolué. Il spécifia que l'ADN des Steariens est capable de communications harmonisées intentionnelles et parfaites dans des réalités parallèles. Cette structure génétique leur permet de dématérialiser leur corps en vue de voyages intergalactiques. Autrement dit, ils ont la capacité de fragmenter leur corps en ses composants les plus essentiels et fondamentaux, pour circuler dans les couloirs du temps et de l'espace vers d'autres réalités, systèmes stellaires, galaxies, et ainsi de suite. Brian m'a aussi expliqué que son peuple était très avancé sur le plan technologique et qu'il savait comment voyager dans les « intervalles ».

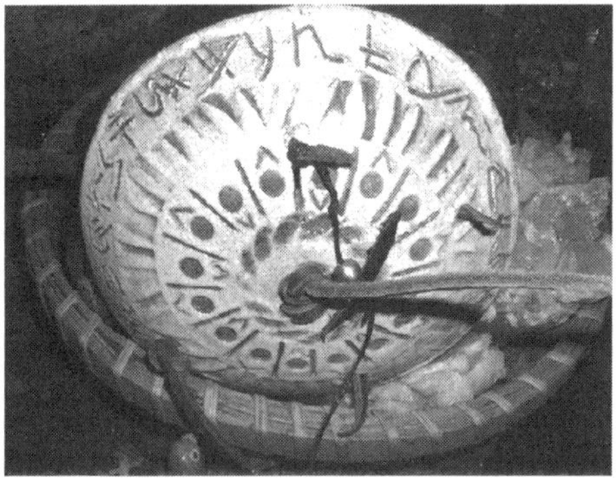

*Figure 11. Détails de la soucoupe d'argile*

Similaires aux trous des vers, les « intervalles » sont des chemins encore plus complexes, où les voyageurs doivent se dématérialiser jusqu'à un certain point. C'est incroyable : une capacité de téléportation intentionnelle et autodéclenchée.

En parlant, Brian me démontrait visuellement ce qu'il décrivait pour tous – ma tête s'est emplie d'images d'une autre planète, des « intervalles » et de la réduction et l'assimilation des particules. Il m'a dévoilé comment les Steariens stimulaient leurs particules grâce à la conscience, les poussant à se dissocier en diverses relations harmoniques, et comment ceci leur permettait de parcourir les « intervalles » sous forme de champs énergétiques pour atteindre des destinations précises dans le temps et l'espace. J'avais l'impression d'avoir déboulé au beau milieu d'un film de science-fiction plein d'effets spéciaux, avec Brian pour directeur. Il affirma que les Steariens étaient beaucoup plus évolués que les humains. Leur langue ne fait pas appel à la parole, car ils n'en ont pas besoin ; ils communiquent par télépathie ou avec les symboles. Ceux-ci sont porteurs de séries entières d'informations – il ne faut pas les lire individuellement. Brian précisa que les symboles étaient des ensembles de fréquences harmoniques semblables à nos champs énergétiques. Les symboles sur la soucoupe relatent une épopée fabuleuse au sujet de luttes planétaires et de la lignée galactique de Brian, et comportent même des coordonnées stellaires. En effet, Brian nous raconta qu'un système solaire situé vers le centre de notre galaxie avait vécu une catastrophe. Apparemment, Andion, ce système solaire, parcourt une orbite elliptique autour de trois soleils. (Cette rotation autour des soleils dure longtemps, et les jours sur sa planète ne sont pas comme ceux sur Terre.) Un trou noir au centre de la galaxie a modifié à jamais l'orbite de Steara. (Un trou noir est en fait un mécanisme d'équilibrage entre univers. Avec l'expansion de notre univers, le trou noir aspire le surplus d'énergie vers un univers parallèle. Les trous noirs existent dans tous les univers, et ce système de « freins et contrepoids » préserve l'équilibre entre divers plans de réalité.) En raison d'un déséquilibre produit par la forte attraction gravitationnelle du trou noir, la planète natale de Brian fut détournée de son orbite normale. L'inclinaison de l'axe de la planète entraîna un changement de pôles, qui à son tour fit vaciller la planète.

Le nord magnétique et géographique changea, et les propriétés gravitationnelles de la planète firent de même. Au lieu d'un parcours elliptique autour des trois soleils, l'orbite de la planète traçait un schéma en boucle complètement déséquilibré. Celle-ci était semblable à une fusée sans gyroscope pour préserver sa trajectoire. Steara entra en collision avec un corps céleste à la dérive. Elle fut totalement et irrémédiablement anéantie.

Le système solaire d'Andion comptait treize planètes. Il en a désormais douze. À l'époque de la destruction planétaire, un très grand nombre de Stéariens étaient partis « en mission ». Parce qu'ils n'étaient pas sur Steara au moment du cataclysme, ils ont survécu, mais ne pouvaient plus rentrer chez eux.

Brian précisa alors qu'une des planètes de leur système solaire avait une atmosphère verte ; les Steariens ne pourraient y survivre, mais d'autres peuples, si. L'air ne convient pas à leur constitution physique, qui se compose de grandes quantités d'iridium et de molybdène. Le caractère prédominant de ces deux minéraux permet aux Steariens de travailler en harmonie avec l'univers. Les êtres humains, pour leur part, sont à base de carbone. Brian spécifia d'ailleurs que les Steariens nous apparaîtraient comme des anomalies, mais que ce sont plutôt les humains qui constituent des anomalies, parce qu'ils sont loin derrière la plupart des autres civilisations en termes d'évolution. Le cerveau des Steariens est complètement branché ; ils sont capables de concevoir des technologies impensables pour nous. La civilisation de Steara s'organisait en fonction du bien de la collectivité. Autrement dit, chacun agissait dans l'intérêt de la planète et d'autrui. Brian affirma que sur Terre, nous sommes sur la mauvaise voie parce que nous ne faisons pas attention aux éléments indispensables à notre survie. À son avis, les gens sur Terre sont constamment engagés dans des luttes inutiles : les peuples de la Terre agissent comme des enfants gâtés. Chacun suppose que les autres sont responsables de son bonheur ou de son malheur. Ce genre d'attitude découle du fait que l'on fasse fi du bien du groupe ; elle ne fonctionnera pas indéfiniment. Personne n'est supérieur aux autres, et si vous ne modifiez pas votre manière de penser, vous vous consumerez. La plupart des êtres humains entretiennent une opinion si exaltée de leur propre personne par rapport aux autres qu'ils ne sont plus en mesure d'accéder à une réalité plus vaste. Mais il est possible de changer cela. Nous avons appris de nos erreurs et si vous êtes disposés à écouter, nous pouvons vous aider. Il existe une alternative plus saine, plus propre à vos combustibles actuels. Ceux-ci polluent les diverses composantes de votre environnement et entraînent un déséquilibre sur Terre. Et les réserves sont limitées.

Brian continua de parler, mais ce qu'il faut retenir de ses propos, c'est que, quelque part, un enfant exceptionnellement doué a une technologie à offrir au monde. J'ai demandé à Brian de trouver le moyen de se manifester, comme l'ont fait les autres enfants, notamment à Nancy ou aux résidants de la région, pour obtenir davantage de soutien dans ce qu'il est. À mon grand plaisir, Brian est un jour apparu en compagnie de sa grand-mère !

Nos silencieux magnifiques trompent nos sens. Bien qu'ils aient l'air très limités extérieurement, ils ont des univers à nous offrir ; il suffit que nous nous ouvrions à eux pour les entendre. Il faut d'abord s'ouvrir à la possibilité de réalités autres, parce qu'elles existent sans l'ombre d'un doute. Ensuite, il s'agit de renoncer à notre notion de contrôle et de simplement nous permettre de vivre l'instant présent. Il sera alors probable que nous parvenions à saisir les innombrables choses que nous avons ratées depuis le début de notre vie. Laissez les enfants vous enseigner les complexités de la création par l'innocence de leur être.

*Chapitre 10*

# Les enfants transitionnels

Les enfants transitionnels forment un groupe d'êtres hors de l'ordinaire ; ils sont venus sur Terre après les Indigos et ont aujourd'hui de seize à vingt-deux ans. Pris entre deux feux de l'évolution, les enfants transitionnels sont venus ici-bas avec un bagage d'énergies hétéroclite. On dirait qu'au moment de leur devenir, un petit peu de chaque type d'énergie s'est déversé en eux et s'est attisé. Il ne s'agit pas d'indigos, mais ces jeunes recèlent tout de même un peu de cette énergie (par exemple, ils savent instinctivement que les normes qui définissent notre société ne correspondent pas à la vérité). Il ne s'agit pas non plus de cristallins, mais une partie de leurs champs se comporte de la même manière que ceux des cristallins. Ces enfants transitionnels sont parfois aussi sensibles et doués. Il ne s'agit pas non plus d'enfants stellaires, pourtant ils présentent plusieurs de leurs caractéristiques. Quelques-uns sont brillants, ils possèdent intrinsèquement de vastes connaissances au sujet de la Terre et de l'au-delà.

Les enfants transitionnels servent parfois de « passerelles » entre les forces ; c'est un phénomène fascinant. Par exemple, un enfant plutôt bien équilibré et présentant des schémas d'énergie indigo et cristalline, sera rebelle, mais d'une manière délicieusement créative. En l'occurrence, le jeune Chris Garnett, de Norfolk, en Virginie, qui s'est joint à PETA, l'association pour un traitement éthique des animaux. Le groupe avait lancé une campagne contre les restaurants de fast-food Kentucky Fried Chicken ; on les accusait de cruauté envers les poulets. Chris s'est passionné pour la cause à un point tel qu'il est récemment passé au journal télévisé national, car il avait changé son nom pour Kentucky-Fried-Cruelty-dot-com. Dans ce cas, Chris affichait l'attitude qui bouscule les conventions propre aux indigos, attitude alliée à la conscience sociale des cristallins. Il affirme que son nom ne manque jamais de susciter une discussion.

Farris Hassan, seize ans, illustre aussi parfaitement cet amalgame des énergies indigo et cristalline. Farris s'est acquis une réputation internationale grâce à son odyssée en solitaire vers l'Irak. Originaire de là-bas, sa famille vit cependant aux États-Unis depuis trente ans. Un voyage d'études avait été prévu pour les vacances de Noël, Farris fit donc ses bagages et partit. Mais plutôt que de se joindre à ses camarades de classe, muni de son passeport et de 1 800 $, il élabora son propre itinéraire vers l'Irak. Arrivé à destination, il envoya un courriel à ses parents pour les informer de ses pérégrinations. Farris suivait un stage intensif en journalisme à l'école secondaire et avait l'intention de s'immerger dans la vie des Irakiens afin de mieux comprendre la guerre et ses répercussions. Il voulait également être témoin des élections parlementaires historiques, qui devaient se tenir en décembre 2005. Malgré les avertissements du département d'État américain conseillant à ses citoyens de ne pas se rendre en Irak, Farris a pénétré sans problème dans la zone des combats à Bagdad. À son arrivée, il s'est présenté à des reporters de l'agence de presse qui habitaient à l'hôtel. « J'ai pensé faire quelques kilomètres supplémentaires pour l'Irak, ou plutôt, un million de kilomètres supplémentaires », leur confia-t-il. Les reporters ont finalement obtenu le concours de l'armée américaine, et des troupes ont escorté Farris pour le ramener chez lui. Une foule de journalistes l'attendaient à son arrivée. Voici un autre cas où les énergies indigo et cristallines se sont alliées pour produire une conscience sociale et des réalisations extraordinaires.

Il n'existe pas deux ensembles d'énergies transitionnelles identiques. Les enfants qui sont touchés par les énergies nouvelles réagissent de mille manières différentes, et les résultats ne sont pas toujours aussi heureux ou amusants que ceux que nous venons d'aborder. Quelques-uns de ces enfants paraîtront hyperactifs ou instables en raison d'un désordre dans l'ensemble de leur système énergétique. À la base, ces fluctuations énergétiques dans leurs champs qui sont responsables d'une douance exceptionnelle peuvent aussi entraîner une foule de problèmes. Cette situation peut mener à une instabilité psychologique extrême et à l'incapacité d'y faire face.

Les enfants transitionnels ont une perception extraordinaire de plusieurs, ou même de tous les niveaux de réalité, mais la capacité d'intégrer ces expériences logiquement dans leur quotidien fait défaut. C'est pourquoi plusieurs deviennent colériques, frustrés ou tombent malades. Ils ont le sentiment cosmique que leur univers est mal en point, mais à cause du déluge de données intuitives et surnaturelles qu'ils captent continuellement, ils n'arrivent pas à trouver les réponses ou les solutions à leurs sentiments et perceptions. Ce qu'ils voient et vivent hors de la réalité tridimensionnelle est souvent si étrange que ces gamins cessent de les exprimer à leur famille ou leurs amis et préfèrent se taire.

Quelques-uns des enfants transitionnels voient la réalité très différemment de la plupart des gens. Ils voient et pressentent constamment les guides éthériques, les anges, l'esprit des morts et même ce qu'ils décrivent parfois comme des démons (en réalité, des êtres des dimensions inférieures). Certains des enfants transitionnels avec qui j'ai travaillé se plaignent de n'avoir aucune intimité car ils sont toujours entourés d'une foule d'êtres surnaturels. En grandissant, les enfants transitionnels ne se sentent pas en sécurité. Le sentiment de la présence de ces créatures sinistres les tourmente et ils ont l'impression qu'elles ne sont là que pour les influencer ou leur nuire. De nombreux enfants n'en soufflent mot à personne. Jour après jour, ils vivent dans la peur et la confusion. Plus la situation devient oppressante, plus ils ont un sentiment d'une tragédie imminente. Certains de ces jeunes croient fermement qu'ils sont sous l'influence de ces entités sinistres ou possédés par elles. La plupart du temps néanmoins, ce n'est pas le cas.

Les enfants transitionnels ne comprennent pas que leurs visions ne sont que des manifestations d'autres sphères de réalité. Comme personne d'autre ne voit ces choses, les jeunes se mettent à croire qu'ils ne sont pas normaux ; un sentiment d'isolement s'installe en eux. De ce fait, ces enfants deviennent victimes de leur douance. Tout leur paraît un fardeau, incompréhensible. À l'adolescence, beaucoup se mettent à croire que leur problème est sérieux. Cette idée qu'ils sont défectueux les détruit. Ils sombrent dans des humeurs glauques et les expriment par l'art, dans la décoration de leur chambre à coucher, leurs vêtements et même leurs activités. Les comportements autodestructeurs sont fréquents. S'ils succombent aux énergies lugubres, alors ils sont susceptibles de se perdre dans la drogue ou l'alcool. Quelques-uns sont dépressifs, même suicidaires. Bientôt, ils deviendront peut-être même sociopathes, car ils se seront anesthésiés et seront désormais indifférents. Pour ces gamins, l'illusion d'obscurité l'emporte sur la lumière.

La plupart d'entre nous sommes munis de filtres qui nous empêchent de tout voir et de tout ressentir. En revanche, ces enfants n'en ont pas. Soyons réalistes, au cours de l'adolescence, les enfants « normaux » ont déjà de la difficulté à faire face aux bouleversements dans leur corps et leur esprit. Les sentiments et les perceptions totalement différents qu'éprouvent les enfants transitionnels constituent une dimension problématique supplémentaire. Ces jeunes ne sont pas tous habités par ce type d'émotions et d'expériences, mais s'ils le sont, alors c'est d'une manière extrême. Certains médecins qualifient erronément ce comportement de psychotique. Quelques enfants transitionnels affichent une façade d'omnipotence ; on les croirait supérieurs à tout le monde et à tout. Ils projettent cette image publique et, tôt ou tard, cessent d'obéir à toute forme d'autorité. Même les enfants transitionnels qui optent pour un chemin plus sain se sentent souvent dépassés et tombent malades – ils perdent du poids, présentent des signes de dépression et d'autres symptômes que la médecine ne peut expliquer. Un peu comme s'ils portaient le chagrin du monde. Leurs dons les accablent, et ils s'égarent au fil de leurs péripéties.

Comme pour les cristallins, plusieurs enfants transitionnels font preuve d'une sensibilité extrême – ils ressentent et remarquent tout. Leurs champs énergétiques hétérogènes accentueront encore la sensibilité ordinaire. Imaginez que vous éprouvez tout – bon ou mauvais – à la puissance dix, en tout temps, chaque jour de votre vie. Super lucides, hypersensibles, hyper tout – voilà comment se sentent ces jeunes. Les blessures affectives sont amplifiées au-delà de tout ce qu'éprouvent les gens « normaux ». Bon nombre de ces enfants ont un tempérament artistique ; ils se servent de leur art pour exprimer l'ampleur et la profondeur de leurs sentiments de manière radicale.

Une jeune femme avec qui j'ai travaillé il y a plusieurs années était contrariée parce que son intimité était sans cesse envahie. Peu importe l'endroit où elle se trouvait ou ce qu'elle faisait, elle voyait jour et nuit des créatures démoniaques, des anges et des guides. Lorsqu'elle se promenait, elle disait avoir un entourage multidimensionnel. Elle m'avoua que, d'une certaine manière, elle avait la nette impression d'être traquée partout et elle avait peur. Dans sa douance, elle n'était jamais seule. Ses expériences l'amenèrent à connaître des choses qu'elle ne partagea même pas avec sa mère, de qui elle était très proche. (La mère encourageait sa fille, c'était elle qui l'avait poussée à travailler avec moi.) La jeune femme ne sentait pas qu'elle pouvait parler de ses aventures avec qui que ce soit, parce qu'elles étaient si inouïes qu'elle croyait avoir perdu la raison. Elle vivait dans l'angoisse et l'incertitude.

Cette jeune femme est finalement tombée malade, et personne ne comprenait pourquoi. Lorsque je l'ai rencontrée, elle était souffrante depuis des mois. Elle était frêle, avait des cernes noirs sous les yeux et sa vitalité était très faible. Les analyses médicales ne montraient rien d'anormal. Pourtant, elle était mal en point et exténuée. Pour transformer sa vie, il fallait simplement que cette merveilleuse jeune femme obtienne la confirmation que ce qu'elle vivait était bien réel. Nous avons discuté pendant des heures, elle m'a décrit ses expériences. Je lui ai dit : « Si vous éprouvez ces choses, alors vous devez forcément connaître… » Elle écarquilla les yeux et dit qu'elle n'en avait jamais soufflé mot à personne. Comment est-ce que je savais ? Elle était stupéfiée et aussi soulagée de savoir que d'autres personnes avaient les mêmes dons. Après notre séance, ma jeune amie redevint plus sociable, elle retrouva la santé et la joie de vivre, libre du fardeau de la peur tacite qu'elle portait depuis si longtemps. Elle s'est même trouvé un copain ! Les enfants transitionnels qui dissimulent leurs émotions et leurs expériences s'épuisent. Les causes de cette fatigue sont physiques. Leur sensibilité exacerbée entraîne des carences de minéraux essentiels dans leur organisme. Ces carences se font d'abord sentir en magnésium, puis en calcium. D'autres minéraux, comme l'aluminium, s'attachent aux récepteurs de cellules auxquelles ils n'appartiennent pas. Bientôt, le corps s'intoxique ou fonctionne au ralenti. Lorsque l'on rencontre certains de ces jeunes pour la première fois, on a l'impression d'être drainé, parce qu'ils sont tellement épuisés qu'ils siphonnent l'énergie. Les gens sensibles à l'énergie éprouveront le drainage constant de ces enfants. Pour les régénérer et les équilibrer, le thérapeute devra faire preuve de patience. Les enfants transitionnels sont également susceptibles aux infections et à d'autres maladies qui commencent et se terminent mystérieusement, souvent sans que les médecins puissent poser de diagnostic précis. J'appelle ces maux les « maladies cosmiques », parce qu'elles proviennent de causes au delà des facteurs biologiques de la troisième dimension. Les enfants transitionnels ont tout particulièrement besoin de se sentir approuvés. Ils ont besoin de savoir que d'autres sont comme eux et que leurs expériences ne sont pas uniques. Cette seule approbation peut suffire à ramener un enfant vers une vie heureuse et à le détourner de la mort, littéralement. On dirait que ces enfants ont tendance à se polariser d'une manière ou d'une autre – soit, ils acquièrent du pouvoir, soit ils perçoivent ce pouvoir en raison de leur douance. Autrement dit, ils s'épanouissent grâce à leur douance ou ils décident que leurs dons peuvent servir à acquérir un pouvoir malveillant sur les autres. L'enfant choisit la voie qu'il empruntera, mais ce choix dépend de ses expériences. La plupart du temps, je me rends compte que ce choix dépend directement du type de soutien dont bénéficient les enfants. D'aucuns, lorsqu'ils obtiennent ce soutien et ces soins, assument leurs dons et s'épanouissent grâce à eux. Par ailleurs, les jeunes qui dissimulent leur sensibilité et leur lucidité, finissent perturbés ou malades. Ils se sentent impuissants et désespérés ; quelques-uns acquièrent leur pouvoir des influences négatives. Plusieurs deviennent autodestructeurs ou alors violents envers les autres.

## Brittany

Le premier enfant transitionnel avec qui j'ai travaillé était une jeune fille de quinze ans référée par une amie psychologue. Appelons-la Brittany. En raison de divers problèmes familiaux, Brittany avait transformé ses dons exceptionnels en méchanceté pure et se livrait à la sorcellerie. Elle jouait sérieusement avec la magie noire.

Brittany était un être puissant, elle remplissait la pièce de son magnétisme, un magnétisme désagréable cherchant à subjuguer les gens autour d'elle. La mère de Brittany était de toute évidence intimidée par sa fille et elle restait silencieuse et immobile, tandis que sa fille parlait fort et jurait. La maman n'osait pas contredire sa fille ni même faire mine de s'y opposer. J'ai découvert par la suite que l'adolescente passait souvent à l'acte, qu'elle dirigeait sa colère et sa violence contre sa famille. Dans ces moments-là, tout le monde la craignait. Brittany avait lancé sa propre assemblée de sorcières qui s'adonnait à la magie noire, surtout la nuit.

Elle et son groupe étaient sexuellement très libres et se livraient à des comportements pervers. Elles n'exerçaient aucun discernement quant au moment, à l'endroit ou avec qui ces actes avaient lieu. Brittany estimait qu'il n'y avait rien de mal à son comportement ; à vrai dire, elle en était plutôt fière. Elle et son assemblée d'amies sorcières erraient dans les rues la nuit, se livrant à des actes que la majorité jugerait odieux. Elle n'hésitait pas à blesser les gens, parce qu'elle avait décidé que la violence et les menaces augmentaient son pouvoir.

Elle avait découvert qu'elle et quelques amies avaient le pouvoir d'influencer les autres en esprit et en action, et elle se servait de ce don comme d'une arme pour manipuler les gens.

Brittany avait compris que ses facultés télépathiques pouvaient servir ses intérêts et elle y faisait appel librement et régulièrement. Plus elle maîtrisait ainsi ses dons, plus elle s'illusionnait sur sa grandeur. Sa famille en était terrorisée. Personne n'osait lui interdire de sortir, personne ne tentait de restreindre ses mouvements. Les méthodes d'éducation de ses parents étaient nettement inadéquates. Globalement, la famille était sérieusement dysfonctionnelle et ce, sur plusieurs plans. On pourrait affirmer que Brittany était née dans cette famille pour que de part et d'autre il y ait évolution.

Lorsque sa mère l'emmena au rendez-vous, Brittany recula de dégoût devant moi. Elle jurait copieusement et érigea d'immenses barrières énergétiques, comme une forteresse, pour se protéger. Elle dégageait une méchanceté pure, et de son souffle émanait la colère absolue. Contrariée par le fait que ni la mère ni la fille n'exprimaient autre chose que des civilités, j'ai décidé que je communiquerais avec Brittany dans son propre langage. Comme un miroir, je lui ai renvoyé l'image de ce qu'elle me faisait voir, sa méchanceté et tout.

Étonnée de cette démonstration de fermeté affectueuse, elle réagit positivement ; pour finir, elle accepta que je travaille avec elle. Le champ énergétique de Brittany avait aggloméré divers types d'énergie et était plutôt désorganisé. J'ai apporté quelques changements et la séance s'acheva. Vers la fin de la séance, elle réagissait très bien. L'enfant qui était arrivée en rugissant comme un lion hostile repartit ce jour-là un sourire serein sur les lèvres et en me serrant dans ses bras.

Malheureusement, au fil du temps, Brittany retrouva les chemins maléfiques. Elle tenta de se suicider et fut admise à l'hôpital. Elle s'est mise à capter des entités très malfaisantes. Impossible de lui apporter mon aide dans cette situation, qu'on avait laissée se perpétuer depuis trop longtemps. J'ai reçu par la suite un appel m'informant que sa sœur, plus jeune d'un an ou deux, était aussi en danger et affichait les mêmes comportements. Voilà une autre enfant très douée, mais sans filet pour l'empêcher de tomber. Brittany se lassa un jour de la vie et de tout ce qu'elle impliquait. Elle tomba gravement malade et mourut. Elle avait tant à offrir, sans jamais trouver le créneau qui lui convenait dans ce monde qui ne la comprenait pas. C'était un cas typique de famille aux prises avec un enfant puissant mais incapable de l'éduquer ni d'encourager sa douance de manière contructive. Cette famille était complètement dépassée. Toute l'aide professionnelle du monde ne sert à rien dans ce genre de situation si chaque personne concernée refuse de participer. Il arrive parfois que la société n'ait rien à offrir pour combler les besoins désespérés d'une enfant comme Brittany. Pour finir, quelques-uns renoncent, tout simplement. Quel constat déplorable pour une société qui semble incapable d'accepter ceux qui sont si différents ; nous préférons déclarer que ces jeunes sont dysfonctionnels, jusqu'à ce qu'ils adoptent cette étiquette comme identité. À mon avis, la première raison de cet échec, c'est la crainte de ce qui est « anormal ». Et si les dons de Brittany avait été encouragée dès le départ ? Et si elle avait appris à se sentir magnifique dans sa peau ? Et alors ? Nous ne le saurons jamais…

## Heather

Une autre enfant transitionnelle vint me consulter à la requête de sa mère, une amie et collègue à moi. Cette enfant a cependant connu un sort tout à fait différent. Quand Heather et sa mère se sont présentées au rendez-vous, j'ai constaté que la fille ne voulait pas vraiment venir – en partie, je crois, parce qu'elle me connaissait depuis des années et qu'elle était un peu embarrassée. Je les ai embrassées toutes les deux à leur arrivée et les ai conduites dans une aire privée.

À seize ans, Heather avait sombré dans la drogue et adopté une sexualité débridée ; sa conduite était également violente.

Elle avait asséné un coup de couteau à quelqu'un et n'en éprouvait aucun remords. Pour tout dire, elle me l'avoua en rigolant. Parce qu'elle avait conscience d'autres réalités et du fait d'avoir adopté des schémas de comportements négatifs, Heather avait décidé qu'elle était possédée par un démon. Elle affirma avoir des pensées qui semblaient provenir d'ailleurs. Elle avait souvent des impulsions méchantes et avait conclu que sa cruauté était le fait d'entités maléfiques. À son sens, elle n'était aucunement responsable de cette possession. Au fond, elle me disait qu'elle n'était responsable d'aucun de ses gestes, mais que c'était la faute de ceux qui parlaient dans sa tête jour et nuit. Elle n'assumait pas du tout le fait qu'elle faisait les mauvais choix dans la vie.

J'écoutais calmement, observant la jeune fille que j'avais connue se transformer en un personnage absolument perfide. En écoutant, j'ai compris que Heather s'était persuadée de ces choses parce qu'elle n'avait pas d'autres réponses. Personne n'était en mesure d'expliquer ce qu'elle vivait. Par ailleurs, son père avait quitté la famille plusieurs années auparavant. Pour Heather, cet événement confirmait son sentiment de n'être ni désirée ni aimée.

Armée de cette conviction, ce manque de valeur, dans ce cas-ci, était exacerbé par son don particulier. En l'occurrence, son hypersensibilité (caractéristique de l'enfant transitionnel) avait amplifié ses sentiments à l'extrême, sentiments qui la poussaient à agir négativement.

Après avoir écouté Heather pendant un moment, j'ai cherché à l'atteindre. J'adoptais différentes stratégies pour la déstabiliser. Elle tentait de projeter une image d'elle-même qui ne lui correspondait pas, et je n'y croyais pas. Elle se mit à parler de sa possession et je l'interrompis pour lui renvoyer précisément la même négativité qu'elle projetait sur moi.

« Foutaises ! » lui lançai-je. « Si tu étais vraiment possédée, tu n'aurais pas pu me serrer dans tes bras en arrivant ! Ce ne sont que des prétextes pour justifier ta conduite et je n'y crois pas une seconde. » Pendant un bref instant, ses yeux s'écarquillèrent, puis la méchanceté reparut. C'était impressionnant d'être le destinataire de ses regards haineux. Heather était bien résolue à me convaincre qu'une entité la poussait à commettre des actes négatifs. Par la suite, avec l'énergie de l'amour pur, complètement à l'opposé de la sienne, je lui ai dit que je savais qui elle était vraiment et que la véritable Heather n'accepterait jamais ce genre d'impuissance. Nous avons balancé ainsi entre les deux, jusqu'à ce qu'elle finisse par consentir que je travaille avec elle. En commençant la séance, j'ai constaté qu'il y avait effectivement des entités sombres qui l'entouraient dans les éthers, mais elles avaient été attirées au moment où Heather avait fait usage de drogues et s'était livrée à d'autres comportements qui renforçaient son mépris de soi. Les entités n'étaient pas responsables de ses mauvais choix, elles en étaient le résultat. Les enfants transitionnels présentent typiquement un champ énergétique tout de travers, chaotique et criblé de voies errantes dans son ensemble ; il en allait de même pour celui de Heather. Ses énergies étaient aussi très hétéroclites – ni indigo, ni cristallines, rien en particulier et tout à la fois.

En travaillant, je lui parlais d'amour et d'acceptation inconditionnelle. Je lui ai fait entendre qu'elle n'était rien de ces choses négatives qu'elle croyait être. Je lui ai dit que je la considérais merveilleuse. Je le pensais sincèrement. J'ai vu et j'ai ressenti la douleur de Heather et la lui ai reflétée avec compassion et amour. Je lui ai parlé de ses dons et lui ai dit que je comprenais ce que c'est que d'être différent. J'ai aussi abordé l'amour et la force de l'amour pour vaincre la colère et le mépris de soi. Je lui ai fait savoir que je n'accepterais de sa part aucune affirmation voulant qu'elle soit moins que la perfection. Je lui ai dit que je savais qu'elle était une belle personne. Nous avons discuté de ses expériences surnaturelles, et j'ai été en mesure de lui en fournir une explication, d'élucider ce qui lui arrivait. Heather fut grandement soulagée. Elle commençait à comprendre qu'elle n'était pas forcément responsable de ce qu'elle percevait. La difficulté la plus grande de ces enfants, c'est qu'ils se sentent responsables de leurs intuitions, de leurs expériences, de leurs visions ou de leurs pressentiment. Ils deviennent victimes de leurs dons – du moins à leurs yeux. Ils ne sont pourtant pas responsables de l'information qu'ils reçoivent. En général, s'ils rencontrent une personne qui est honnête avec eux et qui accorde foi à leurs expériences, ces enfants changeront du tout au tout, parce qu'on aura apaisé leurs peurs et leurs inquiétudes.

Pendant des séances plus intenses, Heather semblait parfois s'égarer dans ses pensées, tout en assimilant notre conversation. Elle écoutait, mais sa capacité d'absorber la vérité était entravée par sa négativité. Pour finir, néanmoins, elle accepta de changer. Son champ énergétique s'équilibra et les blocages se dissipèrent. À partir de ce jour, elle transforma complètement sa vie – elle ne touche plus à la drogue ni à l'alcool et a appris à se voir sous un jour positif.

Dans sa vie transparurent également ces changements positifs. Parce qu'elle vit sainement, d'heureux changements se sont produits. Les gens autour d'elle l'apprécient, elle se sert de sa grande intelligence pour planifier l'avenir et choisit des contextes formidables pour son travail et ses jeux. Heather est devenue gouvernante pour plusieurs familles et prend plaisir au fait que les enfants et les familles avec qui elle travaille l'adorent. Sa propre famille continue aussi de l'encourager. À vingt-et-un ans, elle est résolue à vivre une vie heureuse, libre des comportements malsains. Elle s'en est tenue à son plan et pour ma part, je suis très fière d'elle.

Les enfants transitionnels ont tendance à se mettre dans une colère telle qu'ils n'arrivent plus à penser de façon cohérente. La méthode qui, à mon sens, est la plus efficace consiste à moduler un peu le ton et la posture. Parfois, la seule manière de retenir leur attention, c'est de leur renvoyer ce qu'ils dégagent – autrement dit, de les rencontrer sur leur propre terrain et de leur servir de miroir. Il ne s'agit pas de devenir comme eux mais seulement de refléter leur comportement. On peut y parvenir sans succomber à la laideur de ce comportement. Une fois qu'on est parvenu à capter leur attention (en général ils sont surpris de voir un professionnel se comporter ainsi !), il est possible de leur communiquer une vérité bienveillante. Leur perception exacerbée la reconnaît et y réagit.

Les enfants apprennent des adultes, de leurs pairs et des médias actuels, la supercherie et les comportements autodestructeurs ; ils se servent souvent de ce qu'ils apprennent pour confirmer le sentiment que leurs dons font d'eux des moins que rien ou des phénomènes de foire. Il faut les valoriser, les encourager et leur enseigner comment exploiter leurs dons en vue d'une croissance favorable. Surtout, il faut développer et utiliser leurs capacités à communiquer. Si un enfant se ferme aux autres, c'est souvent parce qu'il ne sait pas comment s'en sortir ; il lui semble moins dangereux de réprimer ses puissants sentiments que de risquer de s'exposer et d'être vulnérable. Aussi, l'enfant se sent peut-être incompris. Un enfant qui sent qu'on ne l'écoute pas se met à croire qu'il ne vaut pas la peine qu'on l'écoute. Ces enfants doivent se sentir acceptés, même si nous ne pouvons comprendre leurs expériences. Ce n'est pas parce que nous ne les comprenons pas que ces expériences ne sont pas réelles pour autant ! Il n'y a rien à craindre ; la conscience intensifiée n'est pas contagieuse…

Une structure souple sera également salutaire aux enfants transitionnels ; il ne s'agit pas d'imposer une série d'exigences contraignantes, mais d'offrir un ensemble librement organisé d'activités et d'objectifs auxquels ils participeront. Quand un petit sait à quoi s'attendre, il se sent rassuré. La plupart des enfants transitionnels qui éprouvent des problèmes viennent de familles où chacun est trop occupé pour faire attention aux autres ou encore, de familles éclatées ou dysfonctionnelles, où la communication et des comportements sains font défaut. Lorsqu'on lui offre cadre de vie où évoluer, l'enfant sait que quelqu'un se préoccupe de lui. Un environnement stable offre à l'enfant de petits repères par lesquels mesurer sa sécurité et un renforcement lorsqu'il accomplit quelque chose à l'intérieur des directives établies.

Les enfants transitionnels ne sont pas que des adolescents rebelles. Au fond, ils ont peur – de ce qu'ils voient, de ce qu'ils entendent et de ce qu'ils savent, de tout ce que personne d'autre ne semble comprendre. Écoutez-les. Ne les jugez pas parce que leurs idées et leurs perceptions vous paraissent étranges. Encouragez une conversation ouverte, honnête. Nous avons beaucoup à apprendre d'eux !

## *Chapitre 11*

# DES ANGES SUR TERRE

Tout au long de l'histoire de l'humanité, on a fait référence à des anges venus sur Terre pour nous aider. Ce phénomène étonnamment courant a pris un sens littéral et vivant lorsque j'ai évité de justesse un accident de voiture, il y a quelque temps. Je roulais à grande vitesse quand tout à coup, j'ai aperçu un gros morceau de bois juste devant ma voiture. C'était un grand tronc carré. Avant de comprendre ce qui se passait, j'ai roulé dessus ; les deux pneus du côté conducteur ont éclaté. À partir de là, tout sembla se dérouler au ralenti. Nanoseconde après nanoseconde, j'ai eu conscience des minuscules détails de l'événement en cours. « Les anges ! suppliai-je, Aidez-moi ! » Le côté conducteur de ma voiture ne touchait plus le sol et j'étais entraînée à une vitesse folle sur deux roues seulement. Aussi, j'étais dans la voie rapide et je devais passer à la voie d'accotement sans démolir ma voiture, heurter d'autres véhicules ou perdre complètement contrôle. L'automobile était en équilibre précaire. En l'espace d'un instant, je me suis mise à recevoir des instructions qui chuchotaient calmement : « Tout doux. Ne panique pas. Tourne le volant un tout petit peu par ici, pas trop sinon la voiture va faire un tonneau. » C'était exact ! « Maintenant, sers-toi de l'impulsion du véhicule pour le diriger. Passe doucement dans l'autre voie – maintenant ! Voilà. Maintenant, appuie sur les freins très doucement pour que la voiture s'arrête suivant une ligne droite – bien, très bien. Maintenant, arrête-toi au bord de la route ici. » En dépit de ma fâcheuse position, j'étais calme et je me sentais guidée par les instructions. Je suis sortie de mon véhicule et, en constatant l'ampleur des dommages, je me suis mise à trembler de tout mon corps. L'adrénaline pompait à flot dans mon organisme. Machinalement, je me suis dirigée vers le coffre pour prendre le pneu de rechange et le cric, mais j'ai compris une seconde plus tard que je n'avais qu'un seul pneu. De toute manière, j'étais trop ébranlée par le choc pour même tenter d'utiliser le cric. Agrippée à la voiture pour me soutenir, j'ai lancé à Dieu « J'ai besoin d'un ange ! » En finissant ma prière, j'ai levé le regard pour apercevoir une camionnette qui retournait sur le terre-plein et se dirigeait vers moi. La camionnette s'est arrêtée à côté de moi, et un vieux monsieur affable en est descendu. Même dans ma détresse, je ne pus m'empêcher de remarquer comme un halo autour de mon sauveteur. Plutôt taciturne, il prononça toutefois quelques paroles rassurantes. Il parlait uniquement pour communiquer ce qu'il fallait, rien de plus. Il m'aida à tout, et avant de partir, je lui ai demandé son nom. Il me l'a dit et précisa qu'il vivait dans une petite ville que je connaissais. Par la suite, quand j'ai tenté de retrouver sa trace pour le remercier, j'ai découvert qu'il n'existait pas ! L'adresse non plus n'existait pas. Personne n'avait jamais entendu parler de mon bon samaritain. Il n'appartenait pas à notre Terre – mes prières avaient été exaucées, et un ange était venu à moi.

Il existe de nombreuses anecdotes à cet effet, où des anges viennent au secours de personnes en détresse et disparaissent aussitôt, et à jamais. Ce genre d'intervention céleste caractérise les anges gardien. Mais les anges que je m'apprête à décrire ici sont très différents. Ils empruntent une forme humaine, douée d'ailes et de tout. Leurs ailes demeurent invisibles à tout le monde, mais quelques personnes peuvent les voir. Ces enfants dégagent une qualité éthérique que les mots ne suffisent pas à décrire. Ceux que j'ai rencontrés éprouvent de grosses difficultés. Ils éprouvent une tristesse universelle pour l'humanité. Ils n'ont pas l'impression d'appartenir à notre monde et, par ailleurs, ils connaissent Dieu, l'Esprit et la Lumière ; leurs sentiments profonds viennent de ce savoir aux tréfonds d'eux-mêmes.

## Michael

Il y a environ sept ou huit ans, j'ai reçu un coup de fil d'une bonne amie qui me demandait de parler avec un jeune homme de sa connaissance. Il était au début de la vingtaine. Elle avait l'impression qu'il avait des ennuis ; elle précisa que je comprendrais en discutant avec lui. À l'époque, je tentais encore de venir à bout de mon propre éveil ; j'étais donc très excitée en écoutant le récit que me fit ce jeune homme. Appelons-le Michael.

Avant même que je lui téléphone, il m'appela. Au début, Michael était un peu timide. Il vivait seul, de l'autre côté du pays. Sa tristesse filtrait au travers du récepteur. En bavardant, il s'ouvrit peu à peu et me raconta son histoire. J'aurais voulu passer par les trous de l'appareil pour le serrer dans mes bras.

> « *J'ai des ailes. Je sens le besoin de diffuser des messages d'amour dans le monde. Depuis un an, j'erre littéralement de par le monde. J'ai été en Europe et je suis allé partout, pieds nus. Je ne peux supporter les chaussures, c'est comme d'avoir les pieds dans des boîtes. J'ai besoin de sentir mes pieds toucher le*

*sol parce que cela m'aide à rester ancré dans la réalité terrestre. La plupart du temps, j'ai à peine l'impression d'être ici. J'ai vraiment besoin d'aide. Au cours de mes voyages, j'ai eu quelques expériences merveilleuses, notamment au sanctuaire du Padre Pio. (Padre Pio était un prêtre fervent qui guérissait les gens miraculeusement. Il portait sur son corps les stigmates, les marques de la crucifixion du Christ.)*

*« Là-bas, je sentais la lumière, son amour, ses miracles – et j'étais bien. J'ai pu mettre la main sur l'un de ses gants. L'énergie que dégageait cet objet est un trésor qui me rappelle qu'une personne peut exercer une influence sur un grand nombre. Je ne sais que faire ni où aller maintenant. Je sais que je dois partager ce que je sais. Je sais que je toucherai les gens – je les guérirai dans leur corps, leur cœur et leur âme – mais présentement, je suis perdu, seul. Pourriez-vous me fournir des renseignements qui m'aideraient ? »*

J'ai fermé les yeux et j'ai examiné l'énergie de cet être. Il avait vraiment des ailes ! Blanches et lisérées d'un halo doré ondoyant. Son champ énergétique tout entier était si proche de la perfection qu'il était difficile de le fixer, même de manière éthérique, car il dégageait un rayonnement formidable. Incroyable, encore une transformation de ma réalité ! À l'époque, j'avais une mince expérience des anges et des ailes, mais je n'aurais jamais cru en avoir un au bout du fil. Nous avons discuté pendant des heures, et une tristesse profonde transpirait de ses propos. Il était tellement déconnecté du plan terrestre qu'il peinait à poursuivre une conversation logique. Son esprit était d'une pureté immaculée. Pour Michael, la blessure que s'est infligée l'humanité est si grave, qu'il se sentait trop petit, trop impuissant pour apporter des changements positifs ici-bas. Avec mon intuition humaine, je l'ai aidé à mieux comprendre la compassion, l'amour et les choix. Je lui ai parlé de sa sécurité personnelle et de sa vulnérabilité, vulnérabilité qui constitue à la fois un trésor et un obstacle. Il était si innocent, si pur, qu'il ne pouvait s'expliquer pourquoi tout le monde ne comprenait pas Dieu, l'amour et la lumière. Pendant un moment, je n'ai abordé que des sujets simples comme la nécessité de manger et de dormir. Il lui était difficile de sustenter son corps, parce qu'il était surtout absorbé par sa mission. Il oubliait souvent de s'alimenter et il dormait très peu. Épuisé, il avait perdu beaucoup de poids.

Dans son essence, Michael était l'amour, et c'était là le message qu'il souhaitait offrir à tous. « Tu es l'amour, lui dis-je. »

« *Oui, je le suis,* » répondit-il.

Et c'est également mon message. « Michael, tu dois te souvenir de la manière d'utiliser tes ailes. Elles te sont indispensables pour ton parcours. Tu peux t'en servir pour faire des choses, des choses qui toucheront les gens profondément. Tu peux réconforter les gens, les guérir grâce à tes ailes. »

« *Je suis si fatigué mais je dois continuer.* »

« Naturellement, il faut que tu continue, mais si tu ne prends pas le temps de te régénérer, de retrouver tes forces, tu n'y arriveras pas. » « *Je le sais, mais je ne sais quoi faire de ce corps. Il m'est étranger en tout.* »

J'ai donc fait quelques suggestions à Michael pour l'aider à trouver l'équilibre et à mieux s'ancrer afin de fonctionner plus efficacement et en toute sécurité. Cet ange de perfection était attaché à un corps imparfait dans un monde imparfait, et il était dépassé par l'intensité de ses émotions. Vers la fin de notre conversation, je lui ai demandé ce qu'il allait faire. Il évoqua la possibilité de pousser ses errances vers d'autres lieux, peut-être le Tibet, entre autres. J'ai incité Michael à me téléphoner régulièrement, mais je n'ai plus jamais entendu parler de lui. Je me demande toujours. J'espère qu'il aura survécu.

## Kara

Il y a un an ou deux, je me suis rendue au Canada pour donner un stage. Là-bas, l'un des participants m'a abordé pour me parler de sa fille de seize ans. Appelons-la Kara. La jeune fille était très malade et ce, depuis des mois ; la mère me demanda donc si j'avais le temps d'accorder une séance de guérison à sa fille.

Le jour de la séance vint. C'était à la fin de la journée, nous étions donc libres de contraintes horaires ou d'interruptions. En entrant dans la salle d'attente, mon regard se fixa instantanément sur Kara. Elle dégageait une infinie tristesse : frêle, elle avait de grands cernes noirs sous les yeux mais était très belle. J'avais l'impression que sa mélancolie était mêlée à l'une des énergies les plus rares que j'ai jamais ressentie. Malgré tout, j'avais l'impression qu'elle se noyait sous le poids de sa tristesse. Sa vitalité était très faible. La mère était formidable, elle nous laissa tout l'espace nécessaire pour converser. A priori, Kara ne se montra pas très ouverte car elle ne me connaissait pas. Rapidement toutefois, nous avons instauré une « zone sécuritaire » où échanger ; nous nous sommes senties graduellement de plus en plus à l'aise.

Kara me confia qu'elle avait des ailes et qu'elle avait toujours eu conscience de leur présence. Elle était contrariée parce que personne d'autre ne pouvait les voir et corroborer sa perception. Elle vivait dans diverses réalités simultanément, tout en ayant personne sur le plan humain avec qui nouer des liens d'amitié ou certifier l'authenticité de ce qu'elle vivait. C'est pourquoi le côté humain de Kara s'était enlisé dans un état de dépression spirituelle. Elle n'était pas de ce monde. Et personne ne la comprenait.

« *J'ai des ailes* », dit-elle.

« Oui, je peux les voir. »

« *Elles sont si réelles pour moi que je m'en suis fait tatouer une paire sur le dos pour pouvoir les voir dans le miroir. Mes ailes sont d'un bleu intense.* »

Quelle créativité ! songeai-je. À vrai dire, ses vraies ailes étaient d'un bleu poudre un peu grisâtre et s'illuminaient de l'intérieur, produisant une lueur bleue évanescente sur les bords. Elles paraissaient très fragiles, mais je savais qu'elles ne l'étaient pas.

« *J'ai peur* », commença-t-elle avec hésitation.

J'ai accueilli sa remarque en silence, très attentive et avec un regard franc qui affirmait que j'étais ouverte à tout ce qu'elle avait à dire et que rien de ce qu'elle pouvait me révéler ne serait trop étrange. J'ai apporté à Kara la confirmation qu'elle cherchait en lui expliquant un peu mes dons insolites. Ainsi, elle continua de s'ouvrir à moi.

> « *J'ai peur parce que je vois tout – et pis encore, je ressens tout. J'ignore comment trouver un équilibre dans tout ça. Partout où je vais, j'en vois d'autres qui, comme moi, ne savent pas qui ils sont. Je vois des anges, des guides spirituels et l'esprit de morts. Des entités sombres me suivent partout, elles me surveillent. Je perçois d'autres réalités mêlées à celle-ci. Je ne sais plus ce qui est « réel » et ce qui ne l'est pas. Pis encore, j'ai oublié comment me protéger. Je n'ai aucune énergie. Si j'essaie de bouger, mon corps me semble si lourd que j'y parviens à peine, mais j'essaie quand même. Aujourd'hui, je suis malade depuis des mois et je suis au bord de l'effondrement.* »

Kara avait raison.

Respire à fond Meg, songeai-je. Ce que nous avons à faire ici est important. J'ai repassé lentement et en détail ce qu'elle m'avait dit. Nous avons abordé les réalités multidimensionnelles, les divers types d'énergie et la raison d'être de toutes les créatures qu'elle percevait dans l'univers des réalités. J'ai comparé ses dons et expériences avec certaines de mes expériences, tout aussi bizarres. Prenant comme exemple l'une de ses expériences, je lui disais : « Si tu connais cela, alors tu dois aussi avoir vu ceci. Si tu as vécu cela, alors il t'est aussi arrivé cette autre chose. » Stupéfaite, elle écarquillait les yeux. Enfin, quelqu'un d'autre était en mesure de comprendre ce qu'elle vivait et elle était enchantée. Nous avons bavardé pendant plus de trois heures, échangeant nos péripéties éthériques. Pour finir, nous sommes passées à l'une des salles de traitement et avons travaillé ensemble. Son champ énergétique était soyeux et lisse, mais était devenu chaotique et plein de statique, parce que Kara tentait en vain de comprendre par l'émotion ses expériences surnaturelles. Au fil de la séance, Kara retrouva des forces. Je lui ai rappelé la manière de se protéger et lui ai expliqué que plusieurs des êtres qu'elle percevait étaient de simples curieux. Après tout, un ange dans la troisième dimension, ça vaut le coup d'œil !

Enfin, j'ai constaté que l'équilibre revenait dans ses champs énergétiques. Du fait que l'existence tridimensionnelle était si traumatisante pour elle, le champ énergétique de Kara était très fragmenté ; ses courants énergétiques étaient embrouillés et confus, ils circulaient de manière imprévisible au lieu de suivre leurs parcours normaux. En dépit de tout, Kara souhaitait sincèrement être bien et c'était là l'important. Surtout, elle avait besoin de savoir qu'elle n'était pas seule, que ses expériences étaient réelles et qu'il n'y avait rien de mal à vivre de telles choses. Lentement mais sûrement, ses champs énergétiques réagirent au travail que nous accomplissions ensemble. J'ai constaté une normalisation à chaque strate de son système énergétique tout entier. Les fuites d'énergie cessèrent et son corps retrouva sa vitalité. J'étais persuadée que ce n'était qu'une question de temps avant que la vie de Kara redevienne normale et qu'elle se sente de nouveau pleine de vie et en santé. Je me suis sentie très reconnaissante d'avoir pu participer à la guérison de Kara. C'était une leçon d'humilité que d'avoir un ange entre les mains. Avant qu'elle reparte, j'ai trouvé le courage de lui demander de me montrer ses ailes tatouées, et Kara consentit. Deux ailes dessinées avec art couvraient son dos – même les couleurs correspondaient. Persuadée désormais qu'elle n'était pas détraquée, Kara repartit ce soir-là, avec un nouveau souffle, simplement parce que quelqu'un avait pris la peine de corroborer ses expériences. Cette nuit-là, elle dit à sa mère que je lui avais parlé de choses qu'elle n'avait jamais confiées à personne et que pourtant je connaissais. Elle était ravie. Au fil des mois, qui suivirent, Kara a retrouvé la santé et ses forces. Sa mère m'a fait savoir par la suite qu'elle était désormais très heureuse et qu'elle avait même un petit ami.

Comme l'illustrent ces récits, des anges peuvent parfois pénétrer dans notre réalité pour réaliser un objectif noble et s'égarer en route. Quelques enfants dans notre monde ont aujourd'hui désespérément besoin du même type de validation que Kara. Outre les jeunes anges que décrit ce chapitre, il y a également des anges adultes sur Terre. Plusieurs d'entre eux mènent une existence tranquille au milieu des gens, ne tendant jamais la main. D'autres sont des enseignants, des mentors, des guérisseurs ou autant de manifestations humaines de la perfection subtile. Lorsque le divin incarne l'imperfection sous la forme humaine (comme cela se produit chez les anges sur Terre), le simple fait d'exister devient problématique. Ces récits ressemblent peut-être à des fabulations, mais je vous assure que ces enfants sont tout à fait sains d'esprit ; ils n'ont besoin que d'encouragement et de confirmation.

*Chapitre 12*

# COMMENT AIDER ?

## Solutions de société

Le phénomène des gens doués en notre monde n'est pas nouveau. Mais aujourd'hui, cette douance se généralise, car un nombre croissant d'adultes s'éveillent à des réalités plus vastes, et de plus en plus d'enfants naissent munis de dons qui surpassent ce qui est considéré comme normal dans les cultures et les sociétés actuelles.

Nous sommes des êtres voués à la grandeur. Nous provenons tous de la même source, de la même perfection, mais nous l'avons oublié. Pour respecter nos enfants, il faut en prendre soin parfaitement pour que les prochaines générations d'êtres doués grandissent en force, en courage, en sagesse et en pouvoir personnel, afin qu'elles œuvrent au bien de l'humanité. Il faut pouvoir les reconnaître maintenant.

Afin de réaliser les transformations miraculeuses et salutaires qui s'imposent dans notre monde, il faut d'abord admettre que ces enfants existent bel et bien, sans laisser notre ego et notre ignorance s'interposer. Les enfants du présent sont venus nous dévoiler une réalité plus vaste. Pouvons-nous l'accepter ? Il le faut. Ensuite, nous devons diffuser l'information pour qu'elle rejoigne le grand public, partout sur la planète, car ce phénomène n'est pas géographiquement restreint. Jusqu'ici, il existe quelques livres et des films traitant des enfants du présent, mais ils effleurent à peine le sujet. Ces jeunes ne sont pas des curiosités que l'on parade. Il s'agit de vraies personnes, éprouvant des émotions bien réelles, douées d'une conscience amplifiée et de perceptions exceptionnelles de notre monde et au-delà. Au lieu de considérer nos enfants comme des êtres différents ou défectueux, et les laisser tomber entre les mailles du système simplement parce qu'ils ne correspondent pas à nos idées, il faut les accueillir, en prendre soin et les inciter à partager avec nous leurs dons. Le simple fait qu'ils aient des aptitudes autres ne signifie pas pour autant qu'ils ont des problèmes. Bien au contraire ! J'ai rencontré à maintes reprises des enfants que l'on a traînés de médecins en psychiatres et chez une foule d'autres professionnels, parce que les parents tentaient de les comprendre et de les « réparer ». Les médecins sont incapables de découvrir ce qui ne va pas chez ces jeunes, mais les problèmes persistent dans leur comportement, dans leur rendement scolaire, dans leurs relations et dans leur vie en général. Pourtant, rien ne cloche chez ces enfants. Ils en savent plus et se souviennent davantage, mais personne ne leur prête attention. Un enfant doué de conscience multidimensionnelle qui pense par compartiment et de manière holographique ne peut rester tranquille bien longtemps. C'est impossible !

*Examinons donc des solutions permettant d'entourer d'amour et de soutien ces merveilleux gamins pour qu'ils deviennent tout ce qu'ils sont censés devenir.*

En premier lieu, nous devons nous ouvrir :

*à la Conscience ;*

*à la Communication ;*

*à la Vérité.*

Nous devons éveiller les consciences dans la société, à la maison et à l'école : certains enfants sont effectivement différents, et c'est très bien ainsi. Songez à la mère de John Everett qui offrit un livre sur les indigos à chacun des professeurs de son fils et au directeur de l'école. Elle voulait s'assurer qu'ils comprennent son fils. Par ailleurs, il ne faut pas craindre de parler de choses que nous ne comprenons pas. De nombreuses choses en ce monde restent hors de notre entendement, mais ce n'est pas un problème en soi. Le problème réside plutôt dans l'inaction et dans l'attitude voulant que quelqu'un d'autre puisse tout expliquer. Entre temps, un nombre incalculable d'enfants sont négligés, alors qu'ils pourraient apporter les réponses mêmes que nous cherchons. Incroyable ! Surtout, il faut dire la vérité à nos enfants, à nos familles, à nos amis et à tous ceux qui ont une influence dans la vie de nos enfants. Idéalement, peu importe ce que dicte notre système de valeurs, si notre rejeton affirme qu'il voit un ange, c'est qu'il est là. Si votre rejeton exprime des vérités profondes ou entretient des idées différentes des vôtres, laissez-le faire. Si votre enfant dit que d'autres êtres sont présents, et va jusqu'à les nommer, alors il est fort possible que ce soit vrai. S'il tombe malade ou qu'il décide de se taire, sans que vous sachiez pourquoi, c'est peut-être que vous suivez une fausse piste. Il ne reçoit peut-être pas ce dont il a besoin ou alors, les événements à la maison ou l'environnement scolaire lui causent trop de stress. Si le petit nous dit qu'il se souvient de là où il était avant de devenir notre enfant, ne le contredisons pas ; demandons-lui plus de précisions et permettons-lui de partager ses sentiments incompris et ses souvenirs.

Les enfants ne savent pas fabriquer ce genre d'histoires, notamment lorsqu'elles foisonnent de détails. Si nous démentons la véracité de leurs perceptions, de leurs expériences et de leurs souvenirs, nous leur enseignons à mentir. S'ils nous demandent de leur expliquer des choses que même nous, en tant qu'adultes, ne saisissons pas, soyons sincères, répondons à leurs questions judicieusement et avec honnêteté, au meilleur de notre connaissance. Prenons soin de leur cœur, de leur âme, de leur esprit et de leur corps. Montrons-leur que l'amour qu'ils ressentent et expriment n'est pas vain.

Il ne faut pas laisser notre manque de compréhension perturber leur authentique douance. Nous devons respecter nos enfants. Rappelez-vous de Sky, qui cessa de raconter aux gens ce qu'elle savait parce qu'on se moquait d'elle. Le public a fait un spectacle d'une enfant céleste et sincère. Quelle honte ! Quelle perte ! Admettons qu'il se passe quelque chose de réellement important dans notre monde : nos enfants, les changements qu'ils apportent et les possibilités qu'ils nous offrent généreusement.

## Guérir les générations

Même s'ils sont doués au delà de notre entendement, les enfants du présent ne sont pas des phénomènes de foire, des curiosités. Ce sont des êtres humains très évolués porteurs de messages sacrés – ils nous rappellent qui nous sommes et où nous allons. Il ne sert pas à grand-chose de les placer sur un piédestal, sauf à habituer leur ego à recevoir beaucoup d'attention. Il n'est pas possible de vivre par le biais de nos enfants. Si les petits apprennent à attirer l'attention par leurs dons, le médium devient plus important que le message et la vérité se dilue. J'ai rencontré maintes familles d'enfants doués où la dynamique avait dégénéré au point que les gamins gouvernaient la maisonnée. Dans de telles circonstances, les jeunes se montrent exigeants, dénigrent leurs parents et les autres membres de la famille, ou passent des commentaires péjoratifs à leur sujet. Ils deviennent des tyrans difficiles à maîtriser. Du fait que ces enfants en savent tant et qu'ils détiennent une sagesse qui va bien au-delà de leurs années, les parents et les autres personnes de leur entourage les placent souvent sur un piédestal. Ils laissent les enfants régner sans réserve ni structure quelconque. Ainsi, les enfants qui au départ sont un présent au monde deviennent égocentriques et cherchent à attirer l'attention. En permettant à ces petits de tout régir, on engendre des adultes grossiers et égocentriques. Ce n'est pas du tout ce que nous leur souhaitons !

Vous souvenez-vous de ce qu'écrivait Nicholas dans la préface ? « Même si mes pérégrinations cosmiques m'ont mené de l'entourage de Jésus à l'Atlantide, me voilà à la fois « expert » et innocent. Voyez-vous, nous les enfants cristallins et stellaires, semblons peut-être doués en tout, mais en vue de réaliser notre destinée et apporter le changement, nous avons besoin que le monde nous entende... »

Quelles paroles éclairées de la part de l'un de nos enfants très doués ! Pour ces enfants, la douance est leur réalité, leur norme. C'est la société qui les stigmatise et les considère différents.

Nicholas reconnaît que les jeunes savent peut-être pratiquement tout, mais certains ont encore besoin de conseils et de structure pour accomplir ce qu'ils sont venus faire. Il faut leur offrir une structure ou des limites pour qu'ils sachent à quoi s'attendre et qu'ils apprennent à fonctionner en ce monde. Il faut aussi encourager leur douance de manière constructive. Par exemple, plutôt que de donner votre enfant en spectacle en parlant à qui veut bien l'entendre de ses expériences fantastiques ou de ses déclarations profondes, pourquoi ne pas demander gentiment et franchement à l'enfant s'il peut vous en apprendre davantage sur le sujet.

Incitez votre enfant à révéler ses expériences sans en faire tout un plat et sans dramatiser. Je vous suggère fortement de tenir un journal car, avec le temps, il est facile d'oublier les révélations profondes de votre enfant. Posez-lui des questions ouvertes sur ses expériences, mais avant tout, écoutez sa réponse. Nous sommes généralement si occupés que nous ne les écoutons que distraitement en songeant à tout ce que nous avons à faire. Posez des questions sincères et répondez aux leurs avec autant d'intérêt et de respect.

Le drame est destructeur en ce sens qu'il entretient un certain chaos à la maison. Je nomme cet état de choses « drame et traumatisme », parce que l'un n'est pas possible sans l'autre. Dans des situations hautes en couleurs, personne n'écoute et tout le monde réagit ; rien n'est résolu, rien n'est compris, seulement exacerbé. Le chaos règne. Pourquoi alors ne pas examiner les situations concernant nos enfants d'un point de vue adulte ? Pourquoi ne pas rompre ces vieux schémas familiaux et consentir à guérir la dysfonction que l'on nous a accordée ? Pourquoi ne pas donner à cette génération douée des outils plus sains qu'ils pourront apporter avec eux dans le monde pour le changer ?

Si nous voulons accorder à nos enfants toutes les chances de réaliser leur véritable nature, nous, en tant que parents, responsables, enseignants et amis, devons d'abord guérir notre corps, notre mental, notre esprit, ce qui requiert honnêteté et intégrité. Si nous ne pouvons être honnêtes avec nous-mêmes, comment être honnêtes envers qui que ce soit, notamment nos enfants ? La guérison de soi demande une introspection soutenue qui nous permette de découvrir pourquoi nous recréons constamment les mêmes types de situations et pourquoi nous perpétuons ces schémas qui prolongent nos tourments. Que tentons-nous d'apprendre ? Pourquoi laissons-nous la peur prendre le dessus ? Par exemple, nous nous retrouvons sans cesse dans une situation où nous donnons encore et encore, jusqu'à ce que quelqu'un profite de notre générosité, si bien que nos propres désirs sont négligés et nous finissons blessés. Si nous donnons sans avoir appris à recevoir, c'est généralement parce que nous redoutons le rejet ou nous craignons de ne pas être aimés ou appréciés. Notre attitude généreuse garantit que nous serons appréciés, mais en réalité, nous ne faisons que couvrir notre crainte de ne pas être à la hauteur.

*En reconnaissant ces schémas de comportement, nous faisons le premier pas sur la voie de la guérison. Quand nous admettons que nous sommes captifs de ces schémas et que nous les répétons par choix, alors nous pouvons choisir autrement ! À mon avis, il n'est pas nécessaire de revivre chaque instant de nos traumatismes antérieurs pour guérir. En allant plutôt au fond de ce qui nous anime dans ces circonstances, nous pouvons nous guérir presque instantanément – si nous le voulons. En devenant plus forts et plus sains, nous transmettons cette force, cette santé à nos enfants. Et surtout, nous devons reconnaître notre perfection et nous souvenir que tout ce dont nous avons besoin est déjà en nous. Nous sommes des êtres puissants ! Et c'est précisément l'exemple qu'il faut donner à nos enfants.*

## Communication

La communication est indispensable, mais il faut qu'elle soit équilibrée. Même si les enfants font preuve d'une sagesse bien au-delà de leurs années, ce sont toujours des enfants en ce monde. Leurs paroles profondes et leurs actions clairvoyantes nous incitent parfois à oublier qu'ils sont encore petits. En revanche, il est préférable de ne pas s'adresser aux enfants du présent comme s'il s'agissait de bébés. En réalité, selon mon humble opinion, en parlant aux bébés comme s'ils étaient inintelligents, on ne les aide pas à grandir ; on entrave plutôt leurs progrès.

Inversement, certains parents commettent l'erreur de faire pression sur leurs rejetons pour qu'ils aient un rendement supérieur en vertu de leur virtuosité. Malheureusement, ces parents agissent selon des normes dépassées et inutiles. Celles-ci ont créé des besoins inassouvis et un sentiment de vide chez beaucoup. Nous ne pouvons vivre par procuration par le biais de notre progéniture ; le moment est venu d'aller vers le monde avec plénitude et force. C'est la douance de ces enfants qui doit guider leur parcours. Ils savent précisément ce qu'ils font. Il faut honorer ce qu'ils accomplissent, peu importe l'ampleur, et respecter leurs sentiments et leurs perceptions, en sachant qu'ils émanent de leur être profond.

Nos conversations avec les enfants du présent doivent être honnêtes et ouvertes, non seulement en paroles, mais dans les gestes et l'énergie. Pour interpréter nos messages, les jeunes prennent en considération tous ces aspects. Ils savent sans équivoque où réside la vérité, même lorsque nous l'ignorons. Nos paroles et nos actions correspondent-elles ? Ou disons-nous une chose pour en faire une autre ? Que révèle notre langage corporel à nos enfants ? Les regardons-nous dans les yeux, leur ouvrons-nous notre cœur sincèrement ? Ou est-ce que nous leur lançons nos réponses ou des directives à la hâte ? Communiquons-nous pleinement, ou disons-nous simplement ce qu'il faut parce que nous sommes débordés ? Écoutons-nous vraiment nos enfants, ou nous contentons-nous de les traiter avec condescendance, pour ensuite retourner à nos occupations ? Remarquons-nous l'expression de leur regard et les nuances dans leurs paroles et leur posture ? Qu'est-ce qu'ils nous disent vraiment ?

*Il faut écouter les enfants du présent, car leurs messages sont vitaux pour l'humanité. Comme le soulignait Nicholas, lorsque les enfants profitent d'une écoute attentive, ils se détendent complètement.*

*Il ne s'agit pas seulement de détente physique mais également de tranquillité de l'esprit. En écoutant attentivement, il est aussi important de faire connaître aux enfants la vérité, peu importe les conséquences, et d'encourager leur douance, de solliciter leurs opinions et d'ouvrir la voie à une communication plus poussée. Il faut être entièrement présents à ces âmes sages et ralentir suffisamment pour les connaître à fond.*

Les enfants du présent ont besoin de nos soins. S'occuper parfaitement d'un enfant ne veut pas dire le gâter. Prendre soin d'un enfant, c'est le serrer dans ses bras, l'aimer, communiquer avec lui et ouvrir son cœur à ce qu'il a à nous dire. C'est davantage que combler simplement ses besoins de base. Cela veut dire de leur donner les outils affectifs, spirituels, mentaux et physiques nécessaires à leur équilibre intérieur. Cela signifie aussi de mettre un terme aux anciens comportements qui ne fonctionnent plus. L'honnêteté est primordiale. Il faut se montrer inventifs, dans notre vie comme dans celle de nos enfants. Il ne s'agit pas non plus de les traiter comme s'ils étaient des adultes miniatures ; il faut leur accorder notre attention et les traiter comme nous souhaiterions l'être. Prendre soin d'un enfant ne signifie pas non plus lui acheter tous les jouets en vogue ou le noyer sous les possessions matérielles. Il s'agit de partager sa vie avec le cœur. Plus que jamais auparavant, nos jeunes ont besoin de nos conseils. Un enfant doué donnera l'impression de tout maîtriser. Même s'il a la sagesse de réfléchir et de choisir avec maturité dans certaines situations, c'est encore un enfant et il n'a pas l'âge de prendre des décisions de vie sans guidance.

Nous pouvons le seconder en lui expliquant la raison des choses, en lui laissant des choix, en l'informant, en le conseillant et en l'encadrant. Chez les enfants plus âgés, la pire perturbation que j'ai constatée résultait du fait de parents qui avaient accordé à leur enfant toute la liberté de décider, sans lui donner des conseils pour encadrer cette liberté. Ces jeunes se sentent souvent dépassés et peu sûrs d'eux, ils ont de la difficulté à prendre des décisions. Ils préfèrent parfois ne pas choisir du tout. Ils sont paralysés, coincés. Il faut guider nos enfants de manière responsable, tout en leur permettant de prendre des décisions judicieuses. Si un enfant doit, par exemple, prendre une décision dans la vie, nous pouvons l'aider à examiner le résultat de diverses options. En évaluant chaque scénario, il apprendra à voir chaque situation sous tous ses angles. Il saura désormais aborder les décisions en réfléchissant, plutôt que sous l'effet d'un désir de gratification immédiate. Ce processus de réflexion met aussi en relief les conséquences de ces décisions sur d'autres personnes ou d'autres situations. De ce fait, l'enfant apprendra à prendre des décisions bien informées – et il faut l'espérer, à faire les bons choix.

Nous devons dire la vérité et agir par elle, parce que les enfants savent si nous mentons. Il n'est pas recommandable de dramatiser et de réagir de manière exagérée, car ces petits sentent tout. Si la dynamique de communication est plus posée et si on leur en donne la chance, la plupart d'entre eux sont disposés à examiner tous les éléments d'une situation. La majorité des parents et des responsables qui appliquent ce type de communication découvrent en général qu'en fin de compte, ce sont les enfants qui leur enseignent !

## Environnement à la maison

Comme nous l'avons mentionné plus tôt, les enfants du présent sont extrêmement sensibles à l'environnement. Et il ne s'agit pas uniquement de la qualité de l'air que nous respirons, du sol que nous occupons et de l'eau que nous buvons, mais aussi de l'ambiance à la maison et à l'école. En réalité, l'environnement est partout. Il englobe également les considérations esthétiques ; les impressions qui se dégagent du contexte qui nous entoure ont une grande influence sur la manière dont nous nous y sentons. Parce que les champs énergétiques des enfants du présent sont constitués de fréquences lumineuses présentant des vibrations supérieures à celles des générations précédentes, il faudra se montrer particulièrement attentifs à la manière de façonner leur environnement. Leurs champs énergétiques sont plus sensibles que notre propre peau. Ils ressentent effectivement la couleur, la lumière, le son, voire, les formes, comme nous éprouvons des sensations tactiles. Pour ces enfants toutefois, la sensibilité est exacerbée comme s'ils avaient le volume du récepteur à fond. Leurs facultés sensorielles amplifiées s'étendent, telles des antennes, à plusieurs mètres de leur corps. L'enfant sensible ressent les vibrations de couleur, de son, de forme ou de tout autre stimulus qui touche son champ énergétique jusqu'aux tréfonds de son être. S'il vit dans un environnement désagréable, il sera surexcité et passera à l'acte. Même si l'enfant n'est pas conscient de cette hypersensibilité, l'incapacité d'exprimer verbalement son malaise inconscient suscite en lui une détresse « ressentie », qui se traduira ensuite dans ses humeurs et ses comportements. L'état d'esprit et le bien-être de l'enfant sont facilement affectés par les couleurs de son environnement. Les couleurs douces et joyeuses – comme les pastels bleus, roses, verts, sarcelle et lavande – créent un environnement propice au calme. Les jaunes et les rouges vifs sont à proscrire car ils stimulent l'anxiété, la nervosité ou l'hyperactivité. En effet, les couleurs sont des fréquences, et les fréquences (en tant qu'énergie) sont des sons et des mouvements. L'énergie d'une couleur interagit avec nos propres systèmes énergétiques et les modifie. Les couleurs plus sombres, comme le brun, le bleu, le vert et le violet, ont des fréquences différentes et sont probablement trop terrestres pour les enfants sensibles. Ces derniers, comme les adultes sensibles, peuvent se sentir écrasés sous le poids de ces couleurs. Lorsqu'ils passent beaucoup de temps dans des pièces aux teintes sombres, les enfants finissent par avoir le cafard et peuvent même montrer des signes de dépression légère à modérée. Aussi, lorsqu'on choisit certains agencements de couleurs à la maison, on doit veiller à combiner des couleurs de fréquences similaires. Par exemple, les agencements de marine et de turquoise, de vert lime et de rouge, ou de telles couleurs discordantes sont peu recommandés.

Les stimuli auditifs et visuels s'avèrent aussi extrêmement importants. Un excès de bruit ou un champ visuel surchargé rend mal à l'aise ces enfants, ou alors, les accable. Le bruit de la télé, de la radio, des jeux vidéo ou même du bavardage constant entraînera des comportements négatifs ; c'est donc une excellente idée de limiter le volume du son et le temps d'utilisation des appareils électroniques. Les pièces où règnent le désordre et la confusion, où les murs sont encombrés d'affiches et d'images, où il n'y a que peu d'espace ordonné sont aussi susceptibles de perturber ou de surexciter l'enfant. Les surfaces propres ont un effet calmant sur les petits. Voici quelques suggestions pour modifier un environnement encombré : des bibliothèques rangées par ordre de grandeur ; des images accrochées aux murs pour accentuer quelque chose, plutôt que pour combler un vide ; des meubles de couleurs unies, assortis au reste de la pièce ; et des endroits de rangement ordonnés pour les jouets et le matériel d'art (comme les espaces de rangement peu coûteux, avec des tiroirs et des étagères, que l'on retrouve dans les boutiques de décoration intérieure). Du fait que les enfants du présent sont branchés sur la nature, les plantes vivantes, le jardinage et même l'eau qui gazouille, comme dans une fontaine ou un aquarium, constituent également d'excellents moyens de façonner un environnement confortable et apaisant.

Les formes géométriques simples apportent une note étonnante à l'énergie générale d'une pièce. Sphères, pyramides (à quatre faces), cubes, octaèdres, etc. sont des formes fondamentales d'énergie que l'on retrouve dans toute la création. Nous conservons tous des souvenirs innés qui les reconnaissent et résonnent en harmonie avec elles. Les formes géométriques sont également faciles à nettoyer ! Il faut aussi savoir que les fréquences électromagnétiques peuvent interférer avec les champs énergétiques des enfants et y entraîner des schémas dissonants. Les ondes électromagnétiques proviennent de plusieurs sources, dont la télé, l'ordinateur, les lignes électriques, les fours micro-ondes, les jeux vidéo, etc. Tous ces éléments peuvent siphonner l'énergie physique d'un enfant et modifier son comportement.

## Activités

Du fait que les enfants du présent pensent par compartiment, les activités de type linéaire ne servent pas longtemps. Les penseurs par compartiment se livrent tout naturellement au mode multitâche ; il est donc naturel qu'ils dirigent leur attention dans plusieurs directions à la fois. Ce qui paraît être une capacité de concentration limitée, c'est en réalité l'aptitude à suivre plusieurs choses à la fois. Ces gamins sont comme des éponges, ils absorbent tout ce qui les entoure. Ils peuvent changer mentalement de vitesse sans heurt. Par exemple, ils parleront de leur projet d'art une minute et de la réalité multidimensionnelle l'instant d'après, passant en apparence du coq à l'âne. Ou encore, ils caressent le chien, puis discourent sur la mécanique quantique, pour retourner ensuite au chien. Cela peut parfois être irritant pour les parents ou les responsables qui connaissent mal le phénomène. La meilleure façon de traiter ce type de comportement, c'est d'offrir un choix de plusieurs activités simultanées. Le choix optimal comporte cinq activités différentes. Par exemple, voici quelques possibilités intéressantes pour un bambin : un livre à colorier et des crayons ; du papier et de la peinture ; des cartes présentant des lettres, des chiffres ou des mots ; un jeu de société ; et peut-être une activité artisanale. Ces jeux soutiendront tous l'intérêt de l'enfant et, par le fait même, ils seront éducatifs. N'oubliez pas de changer régulièrement d'activité pour soutenir cet intérêt.

Les enfants du présent ont tendance à laisser d'une pièce à l'autre des objets dans leur sillage, il faut donc appliquer des règles de base. Chaque activité devrait se dérouler dans un lieu précis, acceptable pour le parent, par exemple, une table sur laquelle la peinture renversée ne pose pas de problème. L'activité doit se restreindre à cette zone désignée. L'enfant peut passer d'une activité à l'autre à sa guise, mais il est responsable de nettoyer et d'organiser son espace. L'enfant doit terminer les projets entamés avant de faire le ménage. Cette approche devrait réduire les traînées d'objets et éviter aux parents épuisés d'avoir à ranger après leurs gamins. L'approche est également efficace avec plusieurs enfants, car lorsqu'ils ont le choix entre plusieurs activités, ils ont de meilleures chances de partager entre eux. En les occupant à de multiples activités amusantes et constructives, vous nourrissez leur curiosité créative et leur permettez de dépenser leur trop-plein d'énergie. Vous aurez donc des enfants plus calmes et une maisonnée plus sereine.

Pour les parents d'enfants stellaires, des excursions au planétarium ou au musée des sciences favorisent leur apprentissage scientifique. Voici quelques excellentes options : jeux de construction, miniatures avec parties amovibles ou moteurs, ensembles de chimie (supervisés, naturellement), trousses de culture de cristaux, fermes d'insectes, radios à monter ou tout jeu doué d'un élément technique. Les livres sont bien sûr toujours bienvenus ! Voici quelques possibilités passionnantes : excursions dans les parcs, les sentiers en forêt ou au zoo (où les enfants seront en contact avec les animaux). Avant tout, ces petits nécessitent une structure souple mais constante. Ils ont besoin de savoir à quoi s'attendre et ce que l'on attend d'eux. Si l'enfant n'a aucune idée de ce qu'est la réussite, il ne réussira pas. Il doit comprendre clairement les règles, sinon il ne pourra s'y plier. Il faut communiquer clairement les attentes et en faire le suivi systématique. S'ils connaissent les limites, les enfants du présent sont très à l'aise. À cette fin, il est capital de louer leur réussite pour les motiver à accomplir des choses. Par ailleurs, au lieu de les punir sur-le-champ, les parents doivent discuter avec leurs rejetons de leurs bêtises pour savoir précisément pourquoi et comment ils n'ont pas obéi aux règles. Si par exemple un enfant enfreint un règlement de la maison, vous pouvez entamer la conversation en lui demandant d'expliquer comment il a désobéi. Voilà qui lui fera prendre conscience de ses gestes. Ensuite, demandez à l'enfant comment il pourrait modifier son comportement la prochaine fois et faire un choix différent. Accordez-lui le temps de réfléchir avant de répondre. Cela lui permettra d'apprendre à faire des choix positifs et efficaces. Enfin, demandez à l'enfant s'il a appris quelque chose de cette situation et soyez prêt à en discuter en respectant son point de vue. Dans plusieurs cas, j'ai découvert que le petit avait simplement une idée différente de ce qui était juste à ce moment-là et qu'il n'avait pas voulu mal faire. Donc, la flexibilité et la patience sont de toute première importance.

Comme partie de la solution, il faut être disposé à écouter l'enfant et à l'informer des règles. Aboyer des ordres aux enfants du présent – ou à n'importe quel enfant, d'ailleurs – ne conduira jamais au succès et à l'harmonie au sein de la famille. Les enfants savent ce qui est bien et ce qui est mal, et ils ont généralement une plus grande intégrité à ce sujet que la plupart des adultes. Essentiellement, les parents doivent être ouverts au point de vue de leur rejeton. Parfois, leurs perceptions différentes enchanteront et étonneront, ou alors, elles entraîneront une discussion et une conscience plus profonde de part et d'autre.

## Connexions

Plusieurs des parents que j'ai rencontrés se sentent très isolés dans leur situation. Leurs enfants, qui par ailleurs peuvent avoir l'air normaux et agir normalement, font preuve de dons merveilleux. Pourtant, ces parents n'ont pas l'occasion de rencontrer d'autres familles dans la même situation. Le fait que leurs enfants soient très différents mentalement ou physiquement isole encore davantage certaines familles. L'argent se fait parfois rare en raison des grands besoins de ces enfants en temps et en soins médicaux. Les déplacements sont alors difficiles, voire impossibles. Les familles que je connais sont éparpillées aux quatre coins du pays – voire partout dans le monde. Elles se sentent marginalisées par rapport à la société, même si leurs enfants sont de nobles spécimens d'humanité.

Je souhaiterais que s'établisse un réseau comportant un forum pour les parents et les enfants. Ce réseau pourrait se servir d'Internet, de lignes ouvertes et de rencontres ; tous ces moyens permettraient aux familles et aux responsables de se retrouver et de rencontrer d'autres gens vivant des situations analogues. (Le site Internet www.childrenofthenewearth.com prévoit de se développer en ce sens. Il comporte aussi un forum qui permet aux parents et aux enfants de se parler en ligne.) Nous pourrions dans ce cas instaurer un système de bourses pour recueillir des fonds qui permettraient aux familles de se rendre à ce genre d'activités. Une fois sur place, les parents, enseignants, enfants et autres pourraient prendre la scène et partager leurs histoires et leurs messages à l'intention du monde. Cet événement pourrait se tenir annuellement ou de manière bisannuelle et prendre la forme d'un colloque, d'un symposium rassemblent les êtres doués et ceux qui les soutiennent. Naturellement, de telles rencontres devraient être abordables. Trop souvent, les conférences et les réunions sont bien intentionnées au départ et se désorganisent par la suite, parce que les professionnels insistent pour diriger la rencontre ; les familles n'ont alors la chance de s'exprimer que dans les corridors entre les conférences.

Les situations interactives s'avèrent plus profitables à tous. Peut-être quelques-uns des « experts » sur la question pourraient accorder de leur temps gratuitement. La présente auteure s'y prêterait volontiers ! On pourrait aussi organiser un camp où les parents et les jeunes partageraient et apprendraient les uns des autres ; et les enfants doués découvriraient ainsi leurs véritables pairs. Les activités seraient orientées sur l'exercice et le développement des dons des enfants.

Les forums de discussion sur Internet ou les messageries sont d'autres moyens permettant aux parents, enseignants et responsables de comparer leurs trouvailles. J'ai récemment entendu parler d'un forum au Wisconsin où un groupe d'enfants du présent se sont rassemblés pour parler de leurs dons et de leurs perceptions. (Naturellement, il faut toujours superviser les enfants lorsqu'ils naviguent sur Internet, car de dangereux prédateurs surveillent et même participent aux forums d'enfants.) L'idée, c'est de mettre un terme à l'idée que les enfants doués sont des anomalies. Les enfants du présent sont partout et ils sont indispensables à l'évolution de l'humanité, il faut donc tolérer nos soi-disant divergences et les aider de notre mieux.

## Modifications au régime alimentaire

Je ne suis pas diététicienne. Les renseignements présentés ici proviennent d'entrevues avec des parents et des professionnels qui sont d'avis que ces suggestions sont utiles ; ils résultent également du bon sens pur et simple.

Du fait que les relations de notre ADN sont en évolution constante – et que pour finir, elles se transformeront entièrement – le genre d'information que reçoit notre corps change aussi. Le meilleur moyen de s'assurer que les besoins alimentaires des enfants du présent sont comblés serait de concevoir leur régime d'après leur ADN individuel. Si l'alimentation de nos enfants se fondait sur leur ADN elle changerait sans cesse à mesure qu'évoluent leurs champs énergétiques. Leur alimentation serait optimale en tout temps. Imaginez : une diète dernier cri en évolution constante ! Naturellement, cette technologie n'est pas complètement pratique et n'est pas encore disponible pour le grand public. Un jour !

Dans notre monde chaotique, il semble n'y avoir jamais assez de temps pour faire tout ce que nous avons à faire. Nous vivons dans une société d'expédients, et notre régime alimentaire en souffre. Plusieurs d'entre nous mangeons en vitesse et nourrissons nos enfants de la même manière. Les aliments industriels à passer au micro-onde ou faciles à réchauffer contiennent d'habitude des foules d'agents de conservation et n'ont plus rien à voir avec leur état d'origine. Les aliments préparés naturellement sont désormais mis en marché et même s'ils coûtent un ou deux dollars de plus, ils offrent à notre organisme des bienfaits sans prix.

Il faut un petit peu plus de temps pour cuisiner des légumes frais que pour ouvrir une boîte de conserve et la verser dans une casserole. Les légumes pré-emballés sont déjà cuits et ont perdu au cours de la cuisson la grande majorité de leurs éléments nutritifs. Le fait qu'un produit soit vendu au supermarché ne le rend pas pour autant sain ou bon pour notre santé. Les battages médiatiques nous incitent à manger des choses qui ne sont pas vraiment bonnes pour nous, mais nous sommes persuadés par des étiquettes qui affichent « nourriture santé ». Comme pour tout, les parents devraient user de discernement quant aux besoins nutritifs de leurs rejetons. Les enfants du présent savent généralement écouter leur corps et ils découvrent par eux-mêmes ce dont ils ont besoin. En général, lorsqu'on leur en donne l'occasion, ils font des choix étonnamment sains. Les jeunes enfants notamment, ont précisément conscience de leurs besoins ; mieux vaut les écouter plutôt que de choisir la solution de facilité. Le métabolisme des enfants du présent exige qu'ils se nourrissent différemment, particulièrement les enfants cristallins. Ils ont besoin de manger très souvent et en petites quantités, plutôt que trois repas substantiels par jour. Les cristallins et certains des enfants stellaires, particulièrement les bambins, sont enclins à manger comme des oiseaux. Cela ne veut pas dire qu'il faut leur donner une carotte et les laisser courir partout en mangeant. Il faut plutôt des préparations de repas et des goûters bien pensés. (Si le parent d'un enfant doué parcourt ces lignes, ou si vous en connaissez un, vous aurez probablement été témoin du défi que pose l'heure des repas avec un enfant qui ne s'intéresse pas à la nourriture. Le gamin joue avec ses aliments, il n'en veut pas vraiment. Combien d'entre nous ont entendu : « Combien de bouchées encore ? » Il faut le reconnaître, certains jeunes ne veulent tout simplement pas interrompre leurs jeux, mais ce n'est pas la question ici. Du fait de l'extrême sensibilité des enfants du présent, il faudrait songer à la possibilité qu'ils se sentent misérables à l'idée d'avoir à avaler quelque chose qui ne résonne pas avec eux. Si les enfants ne s'alimentent pas bien, ils ne peuvent fonctionner de manière optimale. Les enfants nouveaux sont particulièrement prédisposés aux réactions à la nourriture parce que, comme pour tout le reste, les aliments sont énergie, et chaque type d'aliment possède une vibration qui lui est propre. Récemment, j'ai reçu un courriel d'une femme qui était sidérée par la façon dont sa nièce cristalline déterminait les types d'aliments et de boissons qu'il lui fallait. Dans un cas en particulier, la mère de l'enfant lui avait offert un mélange de plusieurs jus. L'enfant soupesa minutieusement ses choix, puis opta pour un autre mélange, qui ne contenait pas un certain fruit. Ce n'était pas une affaire de goût, elle connaissait tout simplement ses besoins.

Voici un autre exemple. Une grand-mère emmena ses deux petits-enfants à une épicerie bio. C'était d'habitude la mère qui les emmenait au supermarché et les autorisait à se gaver d'une variété d'aliments industriels et de malbouffe – bonbons, gâteaux et autres goûters préparés. En circulant dans les allées avec ses petits-enfants, la grand-mère fut étonnée de constater que, sans ses conseils, les bambins choisissaient des aliments frais – légumes, fruits, jus, noix, tout ce qu'il y a de sain, les petits le raflaient. Les enfants n'avaient reçu aucune éducation sur l'alimentation et pourtant, lorsqu'ils pouvaient choisir, ils faisaient des choix judicieux. Les grandes marques n'intéressaient pas les gamins, et il était évident qu'ils achetaient en suivant leur intuition. Si votre enfant ou un enfant de votre connaissance a des cernes sombres sous les yeux, des problèmes digestifs ou d'autres symptômes comme une vitalité faible, il serait peut-être indiqué de vérifier s'il souffre d'intolérance alimentaire. Celle-ci engendre dans le corps une toxicité, qui à son tour entraînera divers problèmes d'une gravité variable.

Au fil du temps, l'organisme devient stressé ou surchargé, car il doit compenser pour cette toxicité. C'est pourquoi il faut se montrer prudent et éviter les aliments qui contiennent des résidus d'hormones ou d'antibiotiques (comme la viande, les œufs et le lait) à moins qu'il ne s'agisse de denrées provenant d'élevage en plein air ou bio.

*Il faut aussi éviter les aliments génétiquement modifiés. La communauté scientifique ne tient pas compte du fait que, lorsqu'ils modifient génétiquement les aliments, ils altèrent la manière dont ils sont assimilés dans notre corps. Pour finir, si les modifications génétiques se poursuivent, les rapports de nos cellules avec certaines molécules changeront aussi. Il se créera de nouvelles relations protéiniques, qui influenceront la manière dont nous assimilons notre nourriture et les nutriment, et par le fait même, notre fonctionnement en tant qu'organismes biologiques. Ces changements s'intégreront à notre évolution. Si on autorise cette pratique à se perpétuer librement, elle atteindra tôt ou tard la chaîne alimentaire tout entière, ce qui pourrait entraîner des mutations chez les plantes, chez les animaux, voire chez l'humain.*

*Notre corps se compose d'environ quatre-vingts pour cent d'eau. L'essentiel de cette eau s'évapore lorsque les calories sont brûlées et que l'énergie circule dans le corps. Il est donc important de bien s'hydrater. Les enfants cristallins notamment requièrent d'énormes quantités d'eau. Nombre d'entre eux semblent avoir constamment soif. En raison de leur métabolisme rapide et parce qu'ils servent de conduits à l'énergie, ils consument très rapidement leur apport en liquides. Les enfants stellaires requièrent aussi beaucoup de liquides, mais ils peuvent attendre davantage entre chaque « plein ». Pour que les enfants maintiennent un bon niveau d'hydratation, à part l'eau, voici quelques excellents choix : jus de fruits ou de légumes, lait (bio, quand c'est possible), boissons de sport qui remplacent les électrolytes (avec modération) et autres boissons naturelles.*

Il faut éviter le sucre parce que les enfants nouveaux deviennent facilement surexcités, même après en avoir absorbé de petites quantités. Avec le sucre, les polarités, ou charges électriques, du système nerveux sont temporairement inversées, et ce, jusque dans ses éléments les plus infimes. Les particules subatomiques dans l'organisme sont ainsi stimulées, ce qui nous donne l'impression d'une stimulation temporaire, et par la suite d'une fatigue, car notre corps a dû travailler davantage pour compenser la prise de sucre. Du fait que notre système nerveux soit le système de communication de l'organisme, il faut le traiter avec respect et éviter de le surcharger. S'il faut absolument ingérer du sucre, alors on peut acheter du sucre brut dans la plupart des épiceries. Ce sucre se compose de gros granules d'un brun doré. Il est excellent pour la santé. Le stévia est un autre excellent substitut du sucre raffiné, un additif dérivé d'une plante subtropicale de la famille des tournesols. On le trouve d'abord dans les boutiques d'aliments naturels, sous forme liquide ou en poudre.

Au lieu de la malbouffe, les goûters peuvent comporter des fruits frais, comme les pommes ou les oranges, des pâtes de fruits naturelles (que l'on nomme aussi « lamelle de fruits »), ou d'autres produits du même genre. Voici quelques autres délices appréciés : du beurre d'arachides avec du céleri, du fromage à la crème sur des craquelins ou sur du céleri, des légumes servis avec une tartinade maison. Avec un peu de temps et d'imagination, on peut concocter des goûters santé pour les petits. Les combinaisons alimentaires sont aussi importantes.

Croyez-le ou non, le corps requiert diverses enzymes pour que s'effectuent les processus digestifs. Un type d'enzyme digère la viande, un autre, les fruits, encore un autre, les produits laitiers, et ainsi de suite. Si on sert en même temps des aliments incompatibles du point de vue digestif, il en résultera une digestion médiocre, qui à son tour engendrera une série de problèmes – dont le plus fréquent est la prise de poids. Il est également recommandé de restreindre les glucides simples dans l'alimentation des jeunes. Mieux vaut éviter les pains qui contiennent des agents de conservation chimiques ; tant que l'enfant ne présente pas d'intolérance au gluten ou au blé, achetez des pains de grains entiers. Il est également recommandé d'éviter les gras trans. Ceux-ci stagnent dans l'organisme à peu près quatre fois plus longtemps que les gras ordinaires, qui constituent des éléments naturels et salutaires du régime alimentaire. Les aliments à faible teneur en gras ne sont pas forcément sains !

De plus, il est utile de fournir des suppléments nutritifs aux enfants. Le conseil le plus fréquent de la part des parents, enseignants et responsables consultés quant aux soins nutritifs à apporter aux enfants du présent, c'est de soutenir leur système immunitaire. Voici quelques excellents suppléments : huiles de poisson riches en acides gras oméga-3 ; vitamine C sous forme d'agrumes (aide à la clarification et au nettoyage du système lymphatique et affine la conductivité électromagnétique dans l'organisme) ; vitamines E, A et D ; ail ; et de bonnes multivitamines contenant des minéraux. Les légumes verts à feuilles (comme les épinards et le chou frisé) ont des vertus salutaires, et préviendraient même le cancer. Il est bien sûr indiqué de consulter un médecin avant de donner des vitamines à un enfant. Il faut d'abord et avant tout faire appel au bon sens, observer les effets des aliments sur nos enfants et faire preuve de souplesse quant à leurs besoins et désirs nutritionnels.

privées ne favorisent pas le bien-être de ces gamins délicieusement sensibles et doués. J'ai récemment entendu parler d'une petite fille douée de facultés extrasensorielles qui fréquentait une école publique en Georgie. Elle a environ six ans, m'a-t-on dit. C'est une enfant cristalline. Cette petite lisait les lignes de la main dans la cour d'école, elle se servait de ses facultés intuitives en toute innocence. En conséquence, on l'a expulsée de l'école, l'accusant d'être une sorcière ! Oui, au XXI^e^ siècle et en Amérique, les gens ont eu peur de sa différence ! C'est le second enfant qui, m'a-t-on dit, a été mis de côté en raison de ses dons insolites. Le premier a été suspendu pendant trois jours pour des raisons similaires.

Comment traiter ces problèmes dans un monde où les écoles manquent de financement et de personnel, et sont bondées ? Pour mieux illustrer les changements à apporter à nos écoles, j'ai songé qu'il serait approprié de vous présenter le témoignage de l'un de nos enfants spéciaux sur son expérience personnelle :

> « *J'ai fréquenté une école spéciale et on m'a traité comme si j'étais invisible. Cela n'avait rien à voir avec mon corps physique, mais plutôt avec mes caractéristiques cristallines. Chaque jour, ma mère me conduisait à l'école et en route, nous écoutions les chants d'affirmations les plus sincères et magnifiques ; pourtant, quand j'arrivais à l'école, ces affirmations disparaissaient rapidement.*
>
> *J'étais invisible à leurs yeux. Je crois qu'ils pressentaient ma conscience profonde et qu'ils n'étaient pas prêts. Alors, plutôt que de m'écouter parler de mes sentiments blessés, ils me faisaient sortir de la classe pour poireauter dans le corridor, où je me mettais à hurler ma douleur. Si seulement ils pouvaient écouter, songeai-je, si seulement ils pouvaient s'arrêter un instant pour tendre l'oreille, entendre mon intégrité et ne pas me*

*Chapitre 13*

# Des solutions pour l'école

## Mettre l'école en valeur

Outre l'environnement à la maison, le système scolaire est l'un des domaines où la société peut avoir le plus grand impact dans la vie des enfants du présent. Prendre soin de l'enfant dans son être tout entier – corps, mental et esprit – est d'une importance capitale pour sa croissance et pour parachever son processus d'apprentissage. À l'heure actuelle cependant, nous alimentons l'intellect des enfants mais négligeons leur âme. Jour après jour, nous leur imposons un cadre scolaire qui les épuise jusqu'à ce que, afin de préserver quelque fonctionnalité au sein de l'environnement, les enfants s'égarent, deviennent léthargiques ou s'engourdissent. Plusieurs jeunes tombent malades, souffrant de maux qui ne semblent pas avoir de cause physique en particulier. (Ces observations, et ce qui suit, s'appliquent aussi à des enfants supposément normaux.)

Les enfants du présent sont sensibles à un point tel que le cadre institutionnel austère et souvent chaotique des écoles publiques et privées les gêne beaucoup. Pour ces jeunes, le chaos est littéralement douloureux. Ils ont de la difficulté à s'adapter et à s'épanouir dans des pièces remplies d'enfants provenant de divers milieux. La pagaïe et le désordre de l'environnement scolaire typique ne sont toutefois qu'une partie du problème. Les contextes institutionnels ou trop disciplinés sont également nuisibles. Les coins durs, les surfaces rugueuses et les stimuli visuels et auditifs trop nombreux ont sur ces enfants l'effet irritant des ongles sur un tableau. Les néons projettent une lumière crue et provoquent des problèmes oculaires et des maux de tête chez les enfants nouveaux. Tout cela et en outre les champs électromagnétiques provenant des lumières au plafond, des ordinateurs et d'autres équipements à l'école siphonneront une énergie autrement indispensable à leur bon fonctionnement. Les enfants du présent ne peuvent tolérer tout cela, en plus de la mauvaise conduite de certains camarades de classe ou de l'humeur maussade d'un professeur. Les jeunes de chaque sous-catégorie affronteront ces situations différemment : les enfants cristallins le sentiront jusqu'au fond d'eux-mêmes et chercheront à tout « réparer » pour que tout le monde soit heureux – un boulot énorme pour ces tout-petits ! Pour leur part, les enfants stellaires s'évaderont dans un bouquin ou dans ce qui les intéresse intellectuellement et ignoreront tout le monde. (Plusieurs enfants stellaires intérioriseront leurs sentiments, ce qui, à long terme, peut leur nuire grandement.) Les enfants transitionnels inventeront des moyens fantastiques pour provoquer un changement ou attireront l'attention sur la situation d'une manière passablement inadmissible. Par ailleurs, d'autres jeunes appartenant à ce groupe adopteront un comportement complètement négatif.

Le système scolaire est désormais surchargé et manque d'effectifs comme de budget, si bien que les professeurs ont de la difficulté à fournir un travail optimal. En outre, ce brassage d'enfants de différents milieux familiaux et socio-économiques et de diverses



cultures donne lieu à une hiérarchie de cliques parmi les jeun
l'indifférence du personnel et d'un système scolaire qui ne par
plus à rejoindre l'ensemble des enfants.

Les jeunes tentent de survivre à ce qui semble être déso
un défi insurmontable ; les horizons s'assombrissent et la vic
devient endémique. Au bout du compte, cette désorganis
produit une population sans instruction et ignorante, non
ment des milieux scolaires mais aussi des enjeux et des événe
mondiaux de l'heure. Nous sommes devenus une nation de
tons influencés et alimentés par les politiciens et les médias
avons été conditionnés à accepter des idées et des idéaux
nous appartiennent pas, car on nous les sert sur un plateau
fait même, les écarts se creusent dans notre monde et eng
la violence, la guerre et de déclin de la culture populaire.

Tout cela commence pour l'essentiel à l'école. Il est te
changer. Il est temps de s'occuper de nos enfants et de
d'attitude, pour que la société arrive à profiter à tous. Si r
vons les enfants d'aujourd'hui dans de nouveaux environ
plus sains, avec diverses nouvelles méthodes d'enseigneme
nous verrons bientôt le reflet de notre conscience sociale d
yeux. Les enfants deviendront des individus solides et se
de cette force et de leur douance dans tout ce qu'ils feront

Combien de fois les enfants spéciaux présentant de
particuliers doivent-ils changer d'école ? De toute éviden
ni les aptitudes ni la formation pour intégrer au systèm
les jeunes qui sont différents. Et ce, tant pour les invali
siques que pour les différences moins importantes, dont
unes sont décrites dans cet ouvrage. En ne soutena
différences, on fait du tort aux petits, à leur famille, à l
nauté et aux générations futures. En fin de compte, l'
ment et l'attitude générale dans les écoles publique

*forcer à me diviser en fragments isolés. Cet anéantissement de mon unité, cet effondrement du tout, c'est la voie où nous aboutissons en tant qu'enfants cristallins, lorsque l'on ne nous considère pas comme entiers.*

*Je crois que le problème de l'école est important et qu'il requiert des décisions judicieuses, mais quand l'Esprit est aux commandes et qu'il mène les familles des enfants cristallins à l'observation vigilante et à l'écoute attentive, il se produit alors une détente. C'est l'éveil de l'Esprit en nous tous. C'est l'univers qui sait qu'on l'écoute. C'est chaque enfant cristallin réagissant avec joie et célébrant la cocréation avec l'Esprit. Je souligne que l'écoute attentive est la clé pour détendre toute cette situation. »*

Porteur de lumière et d'amour, Nicholas M. Tschenses, 9 ans

La description de Nicholas sur ce qu'il ressentait m'a frappée. Il dévoile ainsi le point de vue cristallin typique, que toute chose et toute personne font partie d'un tout plus grand ; et que lorsque l'on ignore cette réalité, l'unité qu'ils incarnent est anéantie, et c'est douloureux jusqu'en leur âme. Combien de ces jeunes se sentent ainsi jour après jour, sans pouvoir exprimer leurs sentiments aussi éloquemment que Nicholas ? Plusieurs enfants finissent par se taire, hochent la tête et dérivent au fil des jours en attendant de faire quelque chose de plus approprié.

## L'école à la maison

Comme remède à cette situation, nombre de parents éclairés ont [illegible] et font l'école à la maison. L'en[illegible] des horaires flexibles et laisse les élèves apprendre à leur propre rythme. Certains jeunes y excellent et apprennent en moins de temps ; ce type d'apprentissage leur réussit bien. D'autres qui demandent plus d'attention et d'aide en obtiennent facilement, sans être stigmatisés du fait d'être un peu plus lents dans certaines matières.

Il existe un mouvement populaire regroupant des familles qui ont concocté des solutions innovantes pour l'enseignement à domicile. De ce que j'en sais, les familles qui réussissent le mieux sont celles qui fondent leur enseignement sur les passions de l'enfant. Ceux que l'on encourage s'adaptent fort bien, et effectivement, ils excellent. Naturellement les parents ne limitent pas les matières aux passions – musique, art ou science –, mais ils imaginent des moyens inventifs pour que leurs enfants en apprennent davantage sur les sujets qui les passionnent. Par exemple, des leçons sur un ou plusieurs instruments de musique ; des excursions dans des galeries d'art, des centres de science ou d'autres lieux qui éveillent la curiosité de l'enfant.

Des parents propriétaires d'une ferme au Kansas ont décidé, comme éducation pour leur fille, de la laisser cultiver un champ de tournesols. Ce champ magnifique est rapidement devenu une attraction locale. La petite blonde aux yeux bleus, toute mignonne, était fascinée par les tournesols et, en réalisant son projet, découvrit le processus entier de la culture – des semailles à la récolte, et tout ce qu'il y a entre les deux. La fillette élève également deux veaux, les nourrit au biberon et les soigne ; de plus, elle joue de divers instruments de musique. Elle parle avec compétence de presque tout, car on l'a encouragée à exprimer ses sentiments et ses idées. D'autres familles emboîtent le pas à cette tendance et se concertent pour fournir un programme d'étude complet afin que les jeunes bénéficient d'une éducation intégrale. Un élément dont il faut tenir compte lorsque l'on enseigne à la maison, c'est la socialisation. Dans certains cas, l'enseignement à la maison isolera l'enfant, voire la famille tout entière. L'interaction avec d'autres jeunes et des adultes contribue fondamentalement à l'acquisition d'aptitudes sociales ; c'est également un apprentissage qui permet d'intégrer ses sentiments et ses expériences. Pour résoudre cette question, dans plusieurs régions, les familles forment des coalitions qui permettront aux enfants étudiant à la maison de se rassembler pour des excursions et des réunions festives. Quelques-unes de ces coalitions ont formé leur troupe de scouts, garçons et filles. D'autres groupes font des excursions auxquelles un petit nombre de gens participent, afin d'améliorer la qualité de l'attention et de l'expérience. Dans l'ensemble, ce type d'activité semble donner de bons résultats.

## Cadres scolaires publics et privés

Dans les écoles publiques et privées, le fait de modifier l'environnement et la structure de chaque journée aura une influence positive sur l'apprentissage de l'enfant ainsi que sur son comportement. Comme nous l'avons vu, les enfants du présent sont extrêmement sensibles à leur environnement, ainsi qu'aux sentiments et aux actions d'autrui. Il faut d'abord recréer le contexte d'apprentissage. Réfléchissez : quand vous visitez une école ou une institution scolaire, quelle impression vous laisse-t-elle ? Comment vous sentez-vous ? Les murs sont-ils d'un vert ou gris institutionnel ? Les planchers sont-ils durs et froids ? L'atmosphère générale de l'édifice traduit-elle un « budget modeste » et des « règlements rigides » ? Le cadre vous intimide-t-il ? Si oui, pourquoi ? Est-ce parce que certains types d'environnements favorisent des règles inflexibles, une autorité rigide et l'affront palpable. Ces environnements sont aussi parfois plutôt malpropres. La peinture s'écaille, l'éclairage est cru et les meubles sont élimés et inconfortables. Par ailleurs, les angles aigus saillent de partout et l'on y retrouve peu de signes de vie naturelle, comme les plantes ou les animaux. Les gens quittent l'endroit avec un sentiment de vide. Paradoxalement, l'environnement ne suscite pas la curiosité et n'inspire pas la créativité, malgré qu'il soit surchargé en raison de son fouillis visuel et auditif.

Imaginez comment se sentent alors nos enfants, doués ou non, lorsqu'on les contraint à rester assis à leurs bureaux sur des sièges durs et inconfortables, disposés par rangs où leur place est assignée ou adoptée par habitude. On contraint chacun à trouver un espace qui les identifie, et les enfants sont conditionnés à quitter cet endroit aussitôt que sonne la cloche, qu'ils aient terminé ou non.

## Lumière, son et couleur

Commençons par l'environnement. D'abord, il serait plus salutaire pour le personnel et les jeunes d'avoir un éclairage indirect et naturel qui n'émet pas des champs électromagnétiques aussi intenses et larges que ceux émis par l'éclairage au néon. Les émissions électromagnétiques affectent chacun à un certain degré, mais chez les enfants du présent, ce sont des champs d'énergie tangibles qui s'immiscent dans leur corps et les rendent malades. Les champs électromagnétiques réorganisent l'alignement harmonique des particules dans nos champs énergétiques et, en conséquence, les relations énergétiques à l'intérieur et autour du corps s'altèrent, ce qui a des effets nocifs sur les enfants. Les enfants cristallins sont particulièrement très vulnérables aux émissions électromagnétiques, et plusieurs souffrent de fatigue et de maux de tête dus à l'éclairage cru de la salle de classe. Les appareils électroniques, comme les ordinateurs ou les moniteurs, sont également nocifs pour les champs énergétiques de l'être humain, et par conséquent, ils nuisent à la santé de ces jeunes. Il est possible de réduire les émissions électromagnétiques dans la salle de classe en acquérant des ordinateurs à écran plat plus récents, au lieu des anciens écrans cathodiques. Les ordinateurs à écran plat émettent une pollution électromagnétique mesurable beaucoup plus faible. (On peut facilement mesurer les émissions électromagnétiques grâce à un compteur manuel peu dispendieux.)

La capacité de concentration et le bien-être général de ces enfants sont également sujets à ce que j'appelle la surcharge visuelle et auditive. Ce type d'agression sensorielle résulte du fait que le champ visuel soit encombré au point d'engendrer un chaos interne ou qu'il y ait du bruit au point de ne plus s'entendre. Songez : lorsque quelqu'un écoute la télé à tue-tête, nous ne pouvons le tolérer qu'un petit moment avant de lui demander de baisser un peu le volume. À l'école, le bruit de fond dans la classe, dans les corridors et au dehors cause sans cesse des interruptions, et ces distractions perturbent l'aptitude des enfants à se concentrer. Dans une institution en activité, on dirait qu'il est impossible de bloquer l'assaut de tous ces stimuli.

En allégeant l'environnement, visuel et auditif, on augmentera grandement le confort de tous les enfants. On peut y arriver facilement en réorganisant le matériel de classe et les objets dans les corridors. Disposez les livres et les fournitures scolaires de manière ordonnée et, lorsque c'est possible, installez des classeurs et des portes sur les étagères afin que les zones encombrées soient recouvertes et que les surfaces paraissent organisées.

La plupart des écoles accrochent aux murs et dans les corridors des peintures et autres œuvres des enfants. Débarrassez-vous de ce fouillis visuel. Pourquoi ne pas restreindre ces expositions à des aires spécifiques dans l'école, comme le « hall des accomplissements » ou le « mur des rêves » ? Emmenez régulièrement les enfants faire une visite du hall ou du mur en question. Ainsi, plutôt que de devenir insensibles aux œuvres de leurs camarades, ils partageront aussi leurs créations avec une attitude juste. Pourquoi ne pas faire de ces réalisations quelque chose de spécial ? Car elles le sont !

Pour contrer la surcharge auditive, une musique de fond de type non répétitif produira une atmosphère sereine et équilibrée. Cette musique couvrira aussi les interruptions sonores mineures. La couleur est également un facteur très important pour façonner un environnement paisible, moins chaotique, favorable à l'apprentissage. Malheureusement, la plupart des écoles se contentent d'un gris ou d'un vert institutionnel. Comme je l'ai souligné, la couleur, c'est de l'énergie – elle comporte effectivement une fréquence, qui influera sur nos humeurs et même, sur notre rendement. Pour façonner un environnement stimulant, il faut des couleurs vives et claires. Le fait de combiner ces couleurs dans une pièce modifiera l'apparence et l'atmosphère de la pièce. Les tons pastel comme le jaune, le mauve, le violet, le bleu, le rose et le vert (comme le vert cendré ou le vert pré) sont d'excellents choix. Les tons de la terre donnent une impression de lourdeur dans une classe – il faut les éviter, à moins de vouloir que les enfants fassent de longues siestes ! Il faut aussi éviter les coloris sombres et intenses, comme les bleus ou les rouges foncés.

## Organisation de la pièce

Si la couleur donne le ton, d'autres éléments peuvent aussi apporter une touche positive. Premièrement, il faut atténuer les angles aigus et les coins dans la disposition et les meubles. La salle de classe optimale ne devrait comporter aucun angle. L'environnement serait ainsi adouci et aligné sur la géométrie sacrée – les formes qui sont les pierres angulaires de la création. Organisez les objets de manière géométrique, de sorte que règnent l'ordre et la propreté. En chacun de nous, il y a une reconnaissance innée de la forme géométrique, et ces formes auront des effets intéressants et sains sur tous. Les formes qui s'avèrent particulièrement bienfaisantes sont celles que l'on appelle les « solides platoniciens ». Il s'agit des formes les plus simples dans la création : la sphère, la pyramide à quatre faces, le cube et le carré. Elles sont attrayantes et favorisent l'apprentissage. Comme nous l'avons souligné, les salles de classe sont généralement organisées en rangs stricts de chaises et de tables. Cassez cette impression austère et donnez une touche intime à l'endroit. Répartissez les tables ou les bureaux en groupes plus petits où s'installeront des enfants aux aptitudes similaires. Si la salle de classe est plutôt exiguë, faites un seul grand cercle. Cette disposition élimine les connotations de hiérarchie ou de comparaison dans le groupe. Intégrez les professeurs au groupe en les introduisant dans le cercle ou en son centre. Ce type de disposition affirme que chacun a une importance égale. Par ailleurs, les enfants peuvent se voir les uns les autres, ils peuvent échanger plus aisément et personne n'est distrait par le fait d'avoir quelqu'un devant ou derrière lui. Cet agencement est naturellement plus intime et personnel, et permet de placer plus facilement les enfants par groupes d'intérêts similaires ou d'aptitudes complémentaires. Dans ce genre de situation, les enfants apprennent à travailler ensemble, à se lancer des défis et à grandir comme équipe. Ils sont fiers de leurs interactions et acquièrent des qualités vitales comme la loyauté, l'amitié, le sens des responsabilités et la communication. Pour celui qui pense par compartiment, une disposition circulaire présente aussi d'autres bienfaits. On peut présenter un devoir ou un problème à résoudre au milieu du groupe de tables et dire aux enfants que leur cercle est semblable à une horloge. La question au milieu correspond au point où les aiguilles sont fixées à l'horloge. Chaque enfant assis autour du cercle apporte son point de vue au problème posé. Autrement dit, l'enfant dans la position à « midi » commence en expliquant son idée et en donnant ses impressions sur la question. Le suivant, à « deux heures » devrait découvrir une autre perspective d'où examiner la question. Et ainsi de suite tout autour du cercle. La discussion entre les enfants devrait aboutir à une solution bien réfléchie.

## Des touches naturelles

Les enfants du présent ont une vive conscience de leur environnement, de la nature et de la planète en général. Des plantes vivantes contribueront beaucoup à donner une impression de cadre naturel. Des créatures vivantes animent la salle de classe et professeurs comme enfants en profiteront – on pourra garder un grand aquarium plein de poissons ou de petits animaux que les enfants peuvent nourrir et étudier, ou même recevoir la visite d'animaux domestiques lors d'occasions spéciales. De l'eau qui gazouille dans une petite fontaine nettoie l'énergie de la pièce et produit un fond sonore naturel qui adoucira l'austérité de l'environnement.

Pour favoriser des comportements calmes et optimistes, on peut également emmener la classe dehors par beau temps. Autorisez les enfants à emporter une natte ou une couverture qui servira à délimiter leur espace à l'extérieur. Permettez-leur de retirer leurs chaussures (s'ils ont l'âge de les remettre tout seuls) pour sentir l'herbe sous leurs pieds. Encouragez-les à fermer les yeux pour mieux sentir la caresse du vent ; après s'être détendus pendant quelques minutes, ils pourront s'installer dans leur espace personnel pour participer à la leçon. Pour réveiller l'attention des petits et accroître leur niveau d'énergie, des mouvements comme le tai-chi, les étirements et la danse libre sont appropriés. On peut s'y adonner le matin, comme première activité, ou juste après le déjeuner, pour faire passer l'inévitable torpeur qui suit les repas.

Avec un peu d'effort, l'école peut être amusante.

## Moins de structures, plus de confort

La journée à l'école se déroule généralement dans un cadre rigide, comportant des cours à heures fixes et des échéances pour terminer les devoirs et les travaux ; tout cela crée une pression démesurée sur les jeunes pour qu'ils donnent un rendement maximal. Les enfants nouveaux pensent par compartiment et de ce fait, ils sont fort capables de se livrer au multitâche toute la journée. Au lieu de travailler d'une manière linéaire, il serait plus bénéfique d'instaurer un système circulaire où environ cinq activités ou groupes d'activités sont en cours. Un certain jour de la semaine, les travaux sont donnés sur divers sujets, et les matériaux concernant une matière spécifique sont offerts à un kiosque dans une zone désignée. Chaque sujet est présenté distinctement, avec les articles à rédiger, les livres à lire, les histoires à interpréter, et ainsi de suite – tous disponibles au kiosque lié à ce thème.

Il faut instaurer des règles de base, mais il revient à l'enfant d'établir l'ordre de réalisation des travaux. Il travaillera peut-être à plus d'un thème ou plus d'un devoir à la fois, mais pour passer à l'étape suivante du cercle, il devra compléter chaque tâche liée à un niveau particulier. L'idée est que les enfants ne fassent pas l'équivalent d'une semaine de mathématiques en une journée et rien d'autre. Ils auront des étapes de réalisation à terminer, mais on leur donnera choix de la matière pour qu'ils travaillent à un rythme qui leur convient.

Les établissements scolaires qui appliquent cette méthode de la roue découvrent sans tarder que plusieurs enfants qui semblaient souffrir de TAD ou de TADH se mettent à exceller. Les enfants ont l'occasion d'avancer rapidement s'ils finissent l'étape du jour ou de la semaine ; et ceux qui sont un peu plus lents ne sentent pas forcés de rivaliser avec les autres. La compétition peut s'avérer un excellent moyen d'apprentissage, pourvu qu'on l'utilise de manière responsable et intègre. Néanmoins, il n'est jamais bon de comparer ouvertement les enfants. Chaque enfant est différent et chacun a ses idées et ses points de vue sur une situation donnée. Le fait de comparer les enfants entre eux peut les pousser à mettre en cause leur validité ou à en douter, ce qui à son tour entraînera des problèmes d'estime de soi.

## Accueillez la communication ouverte

L'aptitude à communiquer est l'un des meilleurs atouts que l'on puisse inculquer à nos enfants spéciaux. La plupart du temps à l'école, on leur dit quoi faire et à quel moment, mais on leur fait rarement savoir comment et pourquoi. On ne leur dit pas non plus ce qui se passera par la suite, alors ils ne savent pas à quoi s'attendre. Un enfant qui sait ce qui va se passer se sent beaucoup plus en sécurité qu'un enfant qui ignore tout. L'inconnu produit généralement du stress, et on peut éviter cette situation en communiquant clairement et de manière cohérente. Dans chaque salle de classe, il y a toujours quelques enfants périodiquement turbulents. Des problèmes surgiront dans la classe ou dans la cour de récréation, et en règle générale quelqu'un sera puni ou réprimandé, puis la vie continue. Cependant, pour les enfants qui auront été témoins des événements ou qui y auront participé, ces questions resteront souvent non résolues. Récemment, j'ai découvert avec plaisir qu'une école privée prévoyait chaque jour une période de discussion ouverte entre les élèves. La période dans ce cercle est considérée une « zone sûre » où les enfants peuvent exprimer leurs sentiments ouvertement au professeur et aux autres élèves, sans craindre d'être jugés ou d'en subir les conséquences. Les jeunes ont la permission de dire ce qu'ils sentent dans leur cœur, ce qu'ils pensent dans leur tête, d'exprimer leurs inquiétudes et même de dire à d'autres étudiants ce qu'ils pensent de leurs expériences avec eux dans la classe. Naturellement, le personnel supervise et encourage cette tribune, qui se déroule suivant des règles définies pour que les conversations gardent un ton constructif et positif. Grâce à ce processus merveilleux auquel ils consentent, les administrateurs de cette école découvrent que les enfants sont en général beaucoup plus à l'aise et communicatifs.

De nombreux enfants passent à l'acte parce qu'ils cherchent à attirer l'attention, qu'ils s'ennuient ou qu'ils ont d'autres problèmes, à la maison ou à l'école, dont on ne discute pas ou qui ne sont pas résolus. Dans un contexte plus ouvert, les enfants perturbateurs apprennent que leurs actions ne sont pas acceptables pour leurs camarades. Mais ils entendent aussi dire de bonnes choses à leur sujet (c'est aussi l'une des règles) et ainsi, au lieu de subir un renforcement négatif en raison de leurs actions, ils se sentent acceptés des autres et apprennent que leur comportement peut facilement être modifié et entraîner des résultats positifs sans besoin de lutte ou de combat.

Généralement parlant, pour apporter un soutien aux enfants du présent, tout ce qu'il faut c'est un peu de bon sens, la volonté de faire l'effort nécessaire et une certaine cohérence. Si nous avons la prévoyance de donner à nos enfants ce dont ils ont besoin à la maison, à l'école et en société, alors nous éduquerons une génération exceptionnelle, formée de gens sensibles et doués, capables d'élever notre monde vers des sommets inconcevables de coalescence et de réalisation, et ce, pour le bonheur de la collectivité ; et effectivement, ils l'élèveront !

*Chapitre 14*

# ET LA SUITE ?

Avec tous ces changements et cette évolution accélérée, où allons-nous ? Que se passera-t-il ensuite ? D'abord, si nous ne nous opposons pas à l'inéluctable transformation de la race humaine et que nous apprenons à accueillir les changements en leur permettant de se réaliser à partir des infinies possibilités qu'offre la création, notre monde verra bientôt des horizons reluisants. Notre douance s'éveillera spontanément sur des plans infinis. À mesure que certains d'entre nous réagiront heureusement à ces changements, d'autres emboîteront le pas. Si nous avons le courage d'évoluer consciemment et délibérément, et de permettre à nos enfants et à nous-mêmes de vivre un changement positif, alors la conscience des populations s'élèvera vers une expérience plus vaste et positive.

Les champs énergétiques cristallins des enfants du présent se sont déjà allégés. Ils se dissiperont en un arc-en-ciel aux couleurs pastel et finalement, en pure lumière blanche. À mesure que surviendront ces changements, le processus évolutif prendra son essor. Bientôt, nous verrons l'aube d'une humanité différente, une humanité qui se souvient de ses racines, de sa Source. La race humaine naîtra d'un passé sans fin et d'un avenir infini. Nous aurons de nouvelles manières de percevoir la réalité et reconnaîtrons l'unité en nous-mêmes, chez les autres et en toute chose.

Au fil du temps, de plus en plus d'enfants du présent assumeront des postes de responsabilité – des dirigeants qui transformeront le monde sur le plan social, politique et technologique. Ce qu'ils nous enseigneront sur la grandeur humaine c'est d'accepter la perfection et l'inclusion inconditionnelle, pour le bonheur de tous. Bientôt, dans environ douze ans, il y aura une autre vague d'enfants qui naîtront sur Terre et au-delà.

Plusieurs d'entre eux viendront au monde pleinement réalisés, portant les souvenirs d'un temps infini, d'avant les débuts de l'Histoire jusqu'aux confins de l'avenir. Ils appliqueront ces souvenirs et ce vaste savoir à tous ceux qu'ils toucheront et à chaque lieu qu'ils honoreront de leur présence. Les enfants nouveaux apporteront en notre monde des dons que nous sommes aujourd'hui incapables de concevoir. Ils seront les enfants de la lumière blanche et porteront en eux la perfection harmonique de chaque fréquence, dans le spectre en parfait équilibre de la lumière provenant de la Source de toute chose. Les champs énergétiques de ces enfants s'élèveront en spirale et se réinventeront à chaque instant. Ils seront des télépathes doués, des empathiques, des guérisseurs consommés, d'excellents enseignants et des maîtres spirituels – avant même de savoir parler. Par leur simple présence, ils changeront à jamais la vie de ceux qui les entourent. Les enfants de la lumière blanche accepteront leurs dons intégralement et s'en serviront instinctivement, sans hésiter. Créatures magiques, petits sages s'élançant de la vaste réalité à notre monde comme des maîtres de l'éternité, ils nous offriront des exemples d'une existence plus vaste et démontreront ce qui a toujours été et ce qui pourrait être de nouveau notre monde – si seulement nous ouvrons notre cœur en nous souvenant que nous sommes un et qu'il n'y a que l'amour. Mais avant tout, il faut continuer de chérir les enfants du présent. À mesure que notre évolution se poursuit par nos enfants, il faut modifier notre environnement, nos écoles, nos maisons et nos relations. Il ne faut pas oublier d'être flexibles ; avec ces petits, tout est possible ! Les enfants du présent ont besoin de nous maintenant. En les soutenant, c'est nous-mêmes que nous soutenons et que nous préparons à la prochaine vague magique de générations futures.

Comme le dit si bien mon ami Nicholas, il faut écouter attentivement nos enfants. Il n'est pas trop tard. C'est maintenant le moment idéal pour commencer.

# Appendice

## Renseignements supplémentaires sur les enfants du présent

Vous trouverez ci-dessous la liste des sites Internet, des livres et des films contenant davantage d'information sur les enfants du présent. N'oubliez pas qu'il ne s'agit pas de recommandations, car la présente auteure n'a pas lu chacun de ces ouvrages ni vu tous ces films. La plupart m'ont été suggérés par des parents, des enseignants et des professionnels qui travaillent auprès des enfants du présent. Ils sont présentés ici comme sources alternatives de renseignements sur les enfants du présent. Comme pour toute autre information disponible un peu partout, usez de discernement.

### Sites internet sur les enfants indigos

www.indigochild.com

www.artakiane.com/home.htm

(site d'Akiane, enfant prodige dans les arts et dans l'âme)

www.greatdreams.com/indigo.htm

www.indigochild.net/a_homeframe.htm

(site international)
www.childrenofthenewearth.com
(site Internet de la revue ; offre des conseils sur l'éducation des enfants indigo et cristallins)
www.indigochildren.meetup.com
(offre de l'information sur des groupes de parents et d'enfants dans votre région)
www.experiencefestival.com/indigo_children (offre des liens vers d'autres ressources)
www.starchild.co.za/articles.html
(offre plusieurs liens vers d'autres articles et sites sur les enfants indigo et cristallins)

## Sites Internet sur les cristallins

www.spiritlite.com
(site de l'auteure)
www.childrenofthenewearth.com
www.nicholas.citymax.com/indigo_nicholas
(site de Nicholas)
www.thecrystalchildren.com
web.mac.com/LorrinsWorld
(site de Lorrin)
www.lightworker.com/beacons/101502AwakeningCrystalChildr en
(présente des channelings de Steve Rother ; ceux-ci sont également publiés dans le *Sedona Journal of Emergence*)
www.metagifted.org/topics/metagifted/crystal Children
(site d'information générale comportant plusieurs liens vers d'autres sites)

www.experiencefestival.com/Crystal_Children
(offre plusieurs liens vers d'autres ressources)
www.enchantedlearning.com/Home
www.learnnc.org/index.nsf
www.ket.org/cgi-plex/watchseries.pl?&id=AJONO
www.learner.org/jnorth
www.childrenofthenewearth.com/infoforteachers/index
www.theindigoevolution.com
www.cosmikids.org
www.childrenlights.com
www.planetlightworker.com

## Lectures supplémentaires

Morse, Nancy L., *Attention-Deficit Disorder: Natural Alternatives to Drug Therapy (Natural Health Guide)*.

Anderson, Nina et Peiper, Howard, *ADD: The Natural Approach* (sur cassette audio également).

Berne, Samuel A., *Without Ritalin: A Natural Approach to ADD.*

Weintraub, Skye, *Natural Treatments for ADD and Hyperactivity.*

Mazzarella, Barbara, *Bach Flower Remedies for Children: A Parents' Guide.*

Devi, Lila, *The Essential Flower Essence Handbook.* (Le mode d'emploi des essences florales pour aider à retrouver l'équilibre émotionnel et apporter un soutien aux enfants et aux adolescents.)

*Beyond the Indigo Children: The New Children and the Coming of the Fifth World,* Atwater, P.M.H..

Carroll, Lee et Tober, Jan, *Indigo Children* [ *Les enfants indigo,* Ariane Éditions inc., 1999].

Carroll, Lee, *Indigo Celebration* [*Célébration des enfants indigo,* Ariane Éditions inc., 2002 ].
Mayesky, Mary, *Creative Activities for Young Children.*
Hart, Tobin, *The Secret Spiritual World of Children.*
Sheedy Kurcinka, Mary, *Raising Your Spirited Child: A Guide for Parents Whose Child is More Intense, Sensitive, Perceptive, Persistent, and Energetic.*
Twyman, James F., *Raising Psychic Children: Messages from "Thomas".*
Twyman, James, *Émissaires de l'amour.*
(Consultez son site Internet www.emissaryoflight.com, ou faites parvenir un courriel à james@emissarybooks.com.)

## Livres pour enfants

*Full Moon Stories—Thirteen Native American Legends by Eagle Walking Turtle Arrow: A Pueblo*
McDermott, Gerald, *Indian Tale.*
DeMunn, Michael *Places of Power.*
(Enseigne le caractère sacré des sites sacrés et la nature sacrée des enfants)
Bruchac, Joseph, *Native Plant Stories.*
(Enseigne à écouter les plantes et à recevoir leur médecine.)
Four Worlds Development Project, *The Sacred Tree.*
(Enseigne les dons des quatre directions.)
Walsh, Neale Donald, *The Little Soul and the Sun.* (Enseigne aux enfants l'origine véritable de leur âme.)
Hays, Edward, *Sun Dancer Speaks of Life, Death and Freedom: We are the Generators of the Myths, Stories and Legends of a Future Age.*

Paulus, Trina, *Hope for the Flowers: A Tale Partly About Life, Partly About Revolution and Lots of Hope for Adults and Others (Don't Caterpillars Who Can Read).*

Olson, Dennis L., *Special Gifts: In Search of Love and Honor.* (Délicieux conte sur le Créateur qui demande l'avis des animaux.)

Bennett, William J., *The Children's Book of Virtues.*

Savoie, Laurel, et Bear, Emery, *Children of The Sun: A Spiritual Journey Using Story and Songs* (comprend un CD).

## Films

*The Indigo Evolution*, par James Twyman, Stephen Simon, Kent Romney et Doreen Virtue.

## Autres liens utiles

www.healingarts.org/children/holmes.htm#exam
(site de Amy S. Holmes ; offre une alternative pour le traitement de l'autisme)

www.cem.msu.edu/~cem181h/projects/97/mercury/#anchor233568 (site d'Andrew Volz, Jake Weaver et Dean Shooltz ; décrit la toxicité du mercure sur le plan cérébral)

www.academy.d20.co.edu/kadets/lundberg/dna
(images de l'ADN humain)

articles.news.aol.com/news/article
(offre des renseignements supplémentaires sur l'alimentation de l'ADN)

www.drboylan.com
(site de Richard Boylan; voir aussi, 42 signes indiquant qu'un enfant est un enfant stellaire, www.drboylan.com/strkidsigns)

# À PROPOS DE L'AUTEURE

Meg Blackburn Losey, Ph.D. est également auteure de *Pyramids of Light: Awakening to Multi-Dimensional Reality* et de *The Online Messages.* À titre de conseillère, elle a récemment collaboré à *Good Morning America* et anime l'émission *Dr. Meg Show: Conscious Talk for Greater Reality*. Dr Meg a instauré le Mouvement vers l'Esprit et élaboré la méthode de guérison accordée au septième sens. Elle vit dans les montagnes du Tennessee. On peut joindre Dr Meg par son site Internet www.spiritlite.com, ou par courriel à drmeg@spiritlite.com.

**Quelques exemples de livres d'éveil publiés par Ariane Éditions**

*Aimer ce qui est*
*L'effet Isaïe*
*L'ancien secret de la Fleur de vie,* tomes 1 et 2
*Vivre dans le cœur*
*Les enfants indigo*
*Le pouvoir de créer*
*Célébration des enfants indigo*
*Aimer et prendre soin des enfants indigo*
Série *Conversations avec Dieu,* tomes 1, 2 et 3
*Communion avec Dieu*
*Retour à Dieu*
*Le Dieu de demain*
*Le pouvoir du moment présent*
*Mettre en pratique le pouvoir du moment présent*
*Quiétude*
*Nouvelle Terre*
*Le futur est maintenant*
*Votre quête sacrée*
*Sur les ailes de la transformation*
*L'âme de l'argent*
*La reconnexion*
*Le code de Dieu*
*La délivrance par le Soleil*
*Rayonnance*
*Entrer dans le jardin sacré*
*L'oracle de la nouvelle conscience* (jeu de cartes)
*Guérir de la détresse émotionnelle*
*Cercle de grâce*
*Médecine énergétique*
*L'envolée humaine*
*L'intelligence intuitive du cœur*
*Sagesse africaine*
*L'univers informé*
*Science et champ akashique*
*Guérir avec les anges* (jeu de cartes)
*Accéder à son énergie sacrée*
*Au-delà du Portail*
*Les cités de lumière intraterrestres*
*Nirvana*
*Telos,* tomes 1, 2 et 3
*Les cartes de l'éveil*
*Guérir avec les anges* (jeu de cartes)
*Et l'univers disparaîtra*
*Tout est accompli*
*Transparence II*
*Créateurs d'avant-garde*
*Biologie des croyances*
*Reconquérir son ADN*
*La puissance de guérison de l'aura*
*Le pouvoir de créer*
*Sagesse des Pléiades*
*Que sait-on vraiment de la réalité ?*
*Un*
*2008, Au-delà du voile, des illusions et de la confusion*
*Le haut conseil de Sirius*

***Série Soria***
*Voyage*
*L'Être solaire*
*Fleurs d'esprit*
*Cercles de paroles*
*Réalisation solaire*
*Paroles et semences de vie*

***Série Kryeon***
*Le retour*
*Alchimie de l'esprit humain*
*Partenaire avec le divin*
*Messages de notre famille*
*Franchir le seuil du millénaire*
*Un nouveau départ*
*Un nouveau don de lumière*
*La levée du voile*